Franz Decker
Innere Stärke

vianova
Verlag Via Nova

Franz Decker

Innere Stärke

Halt und Orientierung im alltäglichen Leben

Verlag Via Nova

1. Auflage 2014

Verlag Via Nova, Alte Landstr. 12, 36100 Petersberg

Telefon: (06 61) 6 29 73

Fax: (06 61) 96 79 560

E-Mail: info@verlag-vianova.de

Internet: www.verlag-vianova.de

Umschlaggestaltung: Guter Punkt, München

Satz: Sebastian Carl, Amerang

Druck und Verarbeitung: C.H. Beck, 86720 Nördlingen

ISBN 978-3-86616-307-2

Inhalt

Einleitung

Mit innerer Stärke zu mehr Halt und Orientierung im Leben

> „Wer nicht mit sich selbst im Reinen ist,
> kann auch mit anderen nicht ins Reine kommen."
> **Anne Morrow Lindberg**

> „Fordere viel von dir und erwarte
> wenig von den anderen."
> **Konfuzius**

> „Wer mit dem Leben spielt,
> kommt nie zurecht.
> Wer sich nicht selbst befiehlt,
> bleibt ewig Knecht."
> **Johann Wolfgang von Goethe**

Um mit den Herausforderungen des Lebens zurechtzukommen, nicht den Überblick zu verlieren, standhaft zu sich selbst zu stehen, nicht zu verzweifeln, wenn mal etwas schief geht, brauchen wir innere Stärke, ein starkes Selbstwertgefühl, Vertrauen in uns selbst, in das Leben und in unsere eigenen Fähigkeiten, unser Können.

Doch wir leben heute oft ohne inneren Rückhalt. Immer mehr Menschen laufen fremdgesteuert durch das Leben. Sie funktionieren nur noch im Arbeitsleben, in der Konsumwelt, in ihrer Lebensweise. Es fehlen der innere Kompass, die Besinnung auf das innere Selbst und seine Stärken, die geistigen und emotionalen Potenziale und tragenden Lebenserfahrungen und Glaubensmuster. Oft sind die inneren Lebens- und Persönlichkeitskräfte durch die äußeren Zivilisationsgewohnheiten zugeschüttet, überlagert.

Viele Menschen sind innerlich leer, dumpf, erschöpft, leben ohne Sinn. Vieles oder alles ist zur Routine geworden. Doch durch Routine erfahren wir uns nicht lebendig, eher ausgehöhlt, ohne Sinn.

Victor E. Frankl bezeichnete die Sinnlosigkeit eines Lebens und das seelische Leeregefühl als existentielles Vakuum, als Mangel an Lebensinhalt.

Sinn bzw. sinnvolles Tun entsteht offensichtlich, wenn es einen Inhalt gibt, wenn wir uns mit etwas beschäftigen, wofür es sich lohnt, seine Zeit einzusetzen, was auch bei anderen Interesse findet, was noch selber trägt, mir Halt, Orientierung und Gesundheit gibt.

Für die Lebensbewältigung brauchen wir Halt, Disziplin, innere Kraft, Unterstützung, Einsicht, Orientierung.

Wie sollen wir leben in einer orientierungslosen Zeit? Wir brauchen Halt, doch was trägt uns in schwierigen Zeiten? Sind es Lebensregeln, alte Werte und Verhaltensgrundsätze, ist es die Religion, sind es geistige Impulse oder ist es die Werbung für Konsumgüter und Freizeitaktivitäten? Wir wollen uns über dieses Thema im Folgenden einige Gedanken machen.

• Wir können nicht in den Tag hineinleben, ohne einen Halt für unser Leben zu finden. Diesen brauchen wir in einer Welt der Vielfalt, der Interessenorientierung, der „Zuvielisation".

- Wir brauchen eine klare Position der eigenen Meinung, für das, was uns wichtig ist und uns guttut.
- Es ist harte Arbeit, das herauszufiltern, was uns wichtig ist, tragfähig macht und uns hält und stützt.

Wir brauchen daher mehr Arbeit an uns selbst, eine innere Aufrüstung, eine Entfaltung von Selbstkräften, von inneren Stärken, von tragenden und Orientierung gebenden Gedanken, Vorstellungen, Werten, Glaubensmustern, von guten Erfahrungen und Ermutigungen. Dieses Vertrauen in die eigenen Fähigkeiten lässt sich erlernen. Das vor Ihnen liegende Buch kann dabei helfen – mit vielen praktischen Tipps, Übungen und Erfahrungen.

Für unsichere Zeiten, für Entscheidungen, für Krisen brauchen wir:
- **Widerstandskräfte, Standfestigkeit**
- **Freunde, Vertraute, Gemeinschaften**
- **Glaubenssätze, Werte, die tragen**
- **Hoffnung: „Es gibt immer einen Weg"**
- **Glaube an mich selbst**
- **Gottvertrauen**

So entstehen Stabilitätszonen, ein Fundament für ein geordnetes Leben. Für die Arbeit am Selbst, an der persönlichen inneren Stärke und Lebenssicherheit wünsche ich Ihnen viel Erfolg und Ausdauer.

Ravensburg, im Januar 2014
Franz Decker

1. Leben in einer orientierungslosen Zeit

Immer ist was los, immer sind wir aktiv, schaffen, planen, sind auf Reisen. Überall wird unsere Aufmerksamkeit gefordert, Handys klingeln, Musik hören wir durch den Knopf im Ohr, alles hektisch und laut. „Im Kopf voller Dröhnung" – doch es kommt nichts im Herzen an. Was ist wirklich von all dem wichtig? Alles um uns herum wandelt sich in einem nahezu atemberaubenden Tempo. Wo geht die Reise des Lebens eigentlich hin? Will ich da überhaupt mitgehen? Woran soll ich mich orientieren? Was ist das Wesentliche für mein Leben? Was trägt mich im Leben? Komme ich überhaupt zum Besinnen auf das Wichtige? Mein eigenes Navigationssystem, nämlich Geist, Glaube, innere subjektive Orientierung, sind oft blockiert, zugedröhnt, verschüttet. Der Schatz tragender Werte und Verhaltensmuster, wie Zuversicht, Glaube, Hoffnung, Liebe, Vertrauen in das Leben und zu Gott – also bleibende Grundwerte –, sind oft in unserer Welt „untergegangen".

1.1 Lebensdynamik und Zuvielisation

Wir leben in einem Zeitalter der Zuvielisation. Wir haben von allem zu viel, an Gütern, Geräten, an Konsum und Lebensstandard, aber auch zu viel an Informationen, an Meinungen, Vorstellungen, wie wir uns ernähren oder zu denken und zu leben haben. Vor lauter Orientierungen aus Presse, Fernsehen und Zeitgeist sind wir überfordert. Was zählt und trägt wirklich? Was tut uns gut? Wonach sollen wir uns richten? Hinzu kommen die Vielzahl der Veränderungen, der Lebensbrüche, die uns manchmal beglü-

cken, aber immer öfter bedrücken, wie Trennungen, Krankheiten, Altersprobleme. Es wird uns alles zu viel.

Die Lebens-Dynamik verstärkt sich zunehmend und erhöht die
Sehnsucht nach mehr Halt, Orientierung und innerem erfüllten
Leben. Es ist jedoch in der Tretmühle des Lebens schwer, diesen
Halt, diese Orientierung zu finden.

Die Folge dieses Liberalismus, der Multioptionsgesellschaft,
der Zuvielisation ist eine Orientierungs- und Bildungsschwäche.
Wir haben oft den eigenen inneren Halt, die Selbstordnung, aber
auch den äußeren Halt , die Lebensordnung, die Balance im Leben verloren.

Die Informationen, die Vielfalt, welche uns täglich überschütten,
sind inzwischen so groß geworden, dass **wir lernen müssen,
auszuwählen, aufzuräumen und zu filtern.**

Die Lebensdynamik mit ihren ständigen Veränderungen erzeugt
eine innere und äußere Unsicherheit. Sicherheit in sich selbst und
im Leben gehört aber zu den fundamentalen Bedürfnissen.

Die Sehnsucht der Menschen nach Sicherheit lässt sich bis ins
alte Babylonien zurückverfolgen. Deshalb legte König Hammu-
rabi 1750 v. Christus bereits fest, wer nach Raubüberfällen auf
Karawanen für den Schaden aufkommen musste. Erst seit dem
17. Jahrhundert gab es dann erste Versicherungen.

Besonders in stürmischen Zeiten – wie heute – wurde Sicherheit
zu einer zentralen Aufgabe. Es fehlen heute

- innere Sicherheit, Orientierung und innere Widerstandskraft
  sowie

- auch äußere Gewissheit, ein sicherer Arbeitsplatz, finanzielle Sicherheit, ein sicherer Verlauf des Lebens.

Deshalb brauchen wir Halt und Orientierung – auch im 21. Jahrhundert – eine neue Selbst- und Lebensordnung, um mit dem Kernproblem unserer Zeit besser umzugehen.

Kernproblem unserer Zeit

Störungen der

Selbstordnung und **Lebensordnung**

- Störung der Balance zwischen Innen und Außen
- fehlende innere Sicherheit
- geringe Selbstentwicklung, das erschöpfte Selbst
- die Balance von Körper-Geist-Seele-Leben

- gestörte Lebensordnung
- Zivilisations- und Energiesyndrome
- fehlende Lebenssicherheit

Fehlen von Stabilität, Halt, Gesundheit, Vitalität

1.2 Halt und Orientierung heute

Weil im 20. Jahrhundert Werte wie kritisches Denken, Mit- und Selbstbestimmung sich entwickelt haben, ist es immer schwieriger geworden, Orientierung und Halt zu finden. Unsere Gesellschaft wurde immer pluralistischer und orientierungsloser.

Vance Packard, der bekannt wurde durch sein Buch über die „Geheimen Verführer", verfasste 1960 ein Buch über „Die große Verschwendung". Darin beschreibt er drei Formen von bewusst geplanter Obsoleszenz, von künstlicher Veralterung. Das Ziel war, bewährtes Altes durch Neues zu ersetzen. Das bezog er auf

- funktionelle Veränderung, z.B. durch Formgestaltung,
- materielle Veralterung, z.B. durch künstliche Verschlechterungen im Material und
- psychologisches Veraltern, indem uns etwas altmodisch erscheint und unzufrieden macht, z.B. Mode.

Packard stellte bereits damals fest, dass die psychologische Obsoleszenz ein Symptom unserer Zeit sei. Das zeigte sich für ihn mit dem zunehmenden Mangel an Werten, an Persönlichkeit, an wahrhaft freundschaftlichen Beziehungen, an Langeweile.

Zunehmend verlören mit der Auflösung des Alten, mit der Mobilität die Menschen ihren Halt, die Orientierung und Zugehörigkeit, ihre Bindungen und die Langlebigkeit von Beziehungen und Partnerschaften. Alles das sind aber Teile eines stabilen Selbst, Kraftquellen. Auch traditionelle Werte wie Treue, Loyalität verlören an Wert. Es werde immer schwieriger zu bestimmen, was bleibenden Wert hat.

Der Veralterungs- und Veränderungsprozess erfordert von jedem Menschen eine psycho-mentale Anpassungsleistung, die nicht so einfach zu verkraften ist. Solche Neuorientierungen brauchen nicht nur Zeit und mentale Stärke. Sie bedeuten auch Stress und psycho-mentale Belastungen, die Energiereserven auffressen. Vor allem werden wir oft – wenn auch nur zeitweise – von den Energiequellen wie Liebe, Vertrautheit, Hoffnung und Glauben getrennt.

Der moderne Mensch wird deshalb entwurzelt und innerlich erschöpft. Die moderne dynamische und orientierungslose Gesellschaft kann da nur wenig Hilfestellung leisten. Die äußere und die innere Wirklichkeit verändert sich durch diesen Prozess zunehmend. Die Belastungen werden für den modernen Menschen immer größer und vielfältiger. Die Folgen sind ebenso vielfältig:

• Orientierungslosigkeit
• fehlender Sinn und fehlende Erfüllung
• mangelnde Bindung und Gemeinschaft
• wechselhaftes Leben mit Lebenseinbrüchen und Krisen
• lebensbedingte chronische Erkrankungen wie Diabetes

Wir leben in einer hektischen Alltagswelt, die durch Arbeit, durch aufreibendes Tun, durch das Bemühen um Kleidung, Nahrung, Körperpflege, durch Planen und Machen gestaltet wird. Diese äußere Lebenswirklichkeit verbraucht oft – erst recht in zunehmendem Alter – innere Energie und Lebenskraft. Diese äußere Wirklichkeit des Lebens ist oft mit vielen Risiken und Zerrissenheiten belastet: Verlust des Lebenspartners, des Arbeitsplatzes, der Gesundheit. Die Vielfalt und Oberflächlichkeit des Lebens, die belastende Fülle an Informationen und Medienereignissen zerrt an uns und blockiert den Blick auf das Wesentliche im Leben. Äußere Wirklichkeit verändert den Zugang auf die innere Wirklichkeit, auf das, was letztlich zählt und trägt im Leben. Notwendig ist deshalb der Weg in eine uns stärkende, tragende Lebenswelt, in unser Selbst.

Das äußere Leben mit seiner seelisch-geistigen und energetischen Zerrissenheit und Orientierungslosigkeit stellt sich als zentrale Krankheit unserer Zeit heraus. Wegen dieser unbeständigen und kraftraubenden Wirklichkeit gehen uns oft der Halt und die Erfüllung im Leben verloren.

1.3 Selbstbestimmt und überfordert

Der moderne, emanzipierte Mensch mit dem Anspruch auf Selbstbestimmung ist oft überfordert. Der Druck der Selbstgestaltung erschöpft ihn. Der Zeitgeist erfordert so viel Kraft. Die inneren Energien, die eigenen Selbst-Kräfte dafür reichen nicht aus. Die Zuvielisation erfordert ihren Tribut (Siehe Schaubild „Das Leben überfordert").

Das selbstbestimmte, auf sich selbst gestellte Individuum ist von seinem „Zuviel-Leben" überfordert, gestresst, erschöpft.

Die Orientierungsschwäche, die Schwächung der sozialen Bindungen, die Privatisierung der eigenen Existenz, aber auch Lebensdynamik und Mobilität führen zum Verlust von Rückhalt, innerer Widerstandskraft und Energie. Alain Ehrenberg drückt das in seinem Buch „Das erschöpfte Selbst" (Frankfurt 2004, S. 8) wie folgt aus:

> **„Diese neue Souveränität macht uns nicht allmächtig, sie macht uns nicht frei, zu tun, was uns gefällt, sie besiegelt nicht die Herrschaft des Privatmenschen."**

Der moderne Mensch unterliegt weniger dem Gesetz des Ge-
horsams als dem Zwang zum Selbstentscheiden. Dazu nochmals
Ehrenberg (S. 9):

> **„Gestern verlangten die sozialen Regeln
> Konformismen im Denken, wenn nicht
> Automatismen im Verhalten, heute fordern sie
> Initiative und mentale Fähigkeiten."**

Dem erschöpften Menschen fehlt die Energie für Leben und Gesundheit,
- um sich umzustellen und zu verändern,
- um sein eigenes Ich-Selbst zu schützen und zu entfalten.

Darauf sind wir jedoch meist nicht vorbereitet. Diese Lebens-
qualifikation ist noch unterentwickelt. Daher empfinden viele
Menschen sich unzulänglich, unsicher. Es fehlen dem modernen
Menschen die tragenden inneren Navigations- und Energiepo-
tenziale aus Geist, Seele und Selbst.

Deshalb kann man die Depression als eine Leitkrankheit des
erschöpften heutigen Menschen bezeichnen. Zu lange waren das

Innere, der Geist, die Psyche, das Mentale Tabuthemen unserer Zeit. Innere Unzulänglichkeit, die Leere oder auch die fehlende Fähigkeit, man selbst zu werden, machen ein Umdenken, eine Neuorientierung notwendig. Ein starkes Ich-Selbst hilft uns, sich auf die eigenen inneren Antriebe und Widerstandskräfte zu stützen und selbstverantwortlich zu handeln, seine eigene Geschichte zu schaffen. Als Nietzsche 1887 die Ankunft des souveränen Individuums ankündigte, erwartete er ein starkes Ich-Selbst-Wesen. Es stellt sich heute aber nicht mehr die Frage des Einzelnen: „Darf ich das tun?", sondern: „Habe ich die Kraft, es zu tun, bin ich dazu in der Lage?"

Das Mögliche in unserem Leben wird oft zur Last. Wir brauchen eine starke Entwicklung unseres inneren Selbst.

> **„Es ist alles so verzwickt geworden, dass, um es zu bewältigen, ein ausnahmsweiser Verstand gehörte. Denn es genügt nicht mehr, das Spiel gut spielen zu können; sondern immer wieder ist die Frage: Ist dieses Spiel jetzt überhaupt zu spielen und welches ist das rechte Spiel?"**
>
> **Ludwig Wittgenstein, Vermischte Bemerkungen (1977, 1990)**

Die inneren Kräfte mobilisieren

Ausweg aus der Erschöpfung bedeutet:
- die eigene Vitalkraft zu stärken,
- besseren Umgang mit seiner Energie.

Statt sich von außen leiten zu lassen, dem Zeitgeist zu folgen, Zeitungshoroskope als Richtschnur zu nehmen, ist es besser:

- in sich hineinzuspüren, sich zu besinnen, zu meditieren,
- seine eigene Seele und den Geist mit tragenden Vorstellungen, mit Zuversicht, Geborgenheit und Gottvertrauen zu nähren.

1.4 Der erschöpfte Geist

- Wir können das Zuviel – vor allem im Kopf – nicht mehr verkraften, verarbeiten.
- Wir sehen vor lauter Bäumen keinen Wald mehr.
- Wir finden keine Richtung und Orientierung, wissen nicht, wonach wir uns richten sollen, was wir denken und wofür wir uns entscheiden möchten.

Es gibt viele Möglichkeiten, sein Leben zu gestalten. Woher sollen wir wissen, welche Wege für uns die besten sind. Die äußere Orientierung – Erziehung, Sozialisation, Zeitgeist – trägt nicht mehr. Auch der innere Kompass funktioniert nicht mehr. Seele, Geist, Gewissen sind verschüttet, überlagert mit Oberflächlichkeiten. Dieser innere Kompass ist sanfter, leiser. Wir müssen ihm Ruhe, Besinnung, Stille gönnen, uns zurückziehen, meditieren, beten. Im Zustand der Stille können wir uns Fragen stellen, wie z.B.: Wer bin ich? Was will ich? Wo will ich hin? Wie soll ich mich entscheiden?"

Wir müssen uns Zeit nehmen, wenn wir etwas entscheiden wollen, wenn wir nicht mehr weiterwissen, verzweifelt sind. Unser innerer Kompass gibt oft Antwort, unser intensives Gehirn, unser Glaube geben meist Orientierung. Doch diese sind heute oft überlagert, erschöpft, blockiert. Wir leben in einem Zeitalter der Unsicherheit und Erschöpfung.

Nicht die überkommene Meinung aus der Presse, nicht voreiliges und unüberlegtes Handeln, nicht das, was der Zeitgeist uns aufdrängt, gibt uns Halt im Leben, sondern unser eigenes inneres Selbst, unser Kompass.

1.5 Wir brauchen eine Neuorientierung

Was kann unserem Leben, das immer hektischer und vielfältiger wird, von Misstrauen und Unsicherheit geprägt wird, Tiefe, Halt, Ziel und Richtung geben? Wie finden wir Sinn im Alltag? Was können wir tun, um uns nicht nur mit Oberflächlichkeit zu begnügen? Wie soll es nur weitergehen? Aus einer solchen Lebens- und Gesellschaftssituation ergibt sich zunehmend ein Bedürfnis nach Haltungen, nach Orientierung, innerer Stärke und Moral.

Wir brauchen neue Antworten in einer Zeit des großen Wandels und der chaotischen Zuvielisation ohne Überblick auf das Wesentliche. Die Situation unserer Zeit charakterisieren folgende Aussagen:

> „Wir müssen heute fürchten, dass der Mensch die Weisheit nicht hat, seine eigene Intelligenz zu steuern, dass er also zu töricht ist, seine Klugheit vor Torheit zu bewahren. Er muss endlich lernen, Weisheit zu gewinnen, statt seinen Verstand anzubeten und ihm hirnlos zum Opfer zu fallen."
> **Jörg Zink**

Wie finde ich meinen Platz in einer Welt des rasanten Wandels? Wie kann ich mich im Trubel des modernen Alltags selbst verwirklichen?

Kern einer Neuorientierung sollte der Wandel vom erschöpften, schwachen, orientierungslosen Selbst zu einem starken Selbst mit viel Selbstvertrauen, Selbstbewusstsein, Standhaftigkeit, mit Haltungen, Werten, Einstellungen und Überzeugungen sein. Diese tragen uns durchs Leben und stärken unsere inneren Energien und Widerstandskräfte, um so selbstbestimmt, gesund und erfüllt zu leben. Voraussetzung dafür ist, dass wir in einer Welt im Umbruch zur Besinnung kommen.

> **„Wer ist weise? Der von jemandem lernt.**
> **Wer ist stark? Der sich selbst überwindet.**
> **Wer ist reich? Der sich mit dem Seinigen begnügt.**
> **Wer ist achtbar. Der die Menschen achtet.“**
>
> **Talmud**

Sein persönliches Selbst, seine Persönlichkeit stärken

Vom erschöpften Selbst	Zum starken, selbstbestimmten Selbst
Ausgelaugt, zu wenig Energie	Selbstvertrauen
Ausgebrannt, Burnout	Selbstbewusstsein
Überfordert, ohne Prioritäten leben	Selbstverantwortung
Antriebslosigkeit, depressiv	Innere Stärke
Innere Leere	Halt durch Glaube, Hoffnung, Liebe
	Mentale Stärke
	Mut zum eigenen Denken, Fühlen, Verhalten

„Die durch persönliche Gefühle geprägte
Erinnerungen sind es, die es den Menschen
erlauben, sich sowohl das individuelle
Wohlbefinden als auch das gesamte Wohlergehen
einer ganzen Gesellschaft vorzustellen und
die Mittel und Wege zu erfinden, um dieses
Wohlergehen zu erreichen und zu verbessern."

… einer Emotion, die negative Folgen hat, kann man
nur mit einer stärkeren Emotion entgegentreten.

… Der unbewusste Apparat muss vom bewussten
Geist so trainiert werden, dass er einen emotionalen Gegenschlag führen kann."

Antonio Damasio, Selbst ist der Mensch,
München 2011, S. 297

1.6 Statt Außen- mehr Innenorientierung

Immer mehr Menschen werden vom Alltag getrieben, führen
notgedrungen ein Leben ohne Ziel und Sinn, chaten durchs Leben, aber finden nicht zu sich selbst und einem bejahenden Leben. Sie werden von Lust und Laune getrieben. Viele befinden
sich in einer Sinn- und Orientierungskrise und laufen Gefahr, an
Körper, Geist und Seele zu erkranken. Was uns fehlt, ist Selbstvertrauen und Beziehungssicherheit, Glück, Zufriedenheit, Ordnung und ein erfülltes Leben. Besser wäre, weniger nach außen
und mehr nach innen orientiert zu sein. Orientierungslosigkeit
und Angst sitzen in vielen Menschen und nagen an unseren Ner-

ven. Wir machen uns Sorgen um unsere Zukunft und werden dabei unsicher. Freudige Momente werden seltener. Die Lebensdynamik raubt uns die Kraft und die Energie.

Wir brauchen mehr inneren Reichtum

In Michael Endes Märchen-Roman Momo sagt Gigi, ein hübscher Junge und Freund von Momo, über das Wohlstandsstreben:

> „Das ist kein Kunststück,..., damit soll reich werden, wer will. – Schau sie dir doch an, wie sie aussehen, die für ein bisschen Wohlstand ihr Leben und ihre Seele verkauft haben! Nein, da mache ich nicht mit, so nicht. Und wenn ich auch oft nicht mal das Geld habe, eine Tasse Kaffee zu bezahlen."

Michael Ende lässt Momos Freunde über das moderne, hektische, materielle Leben sagen:

> „Niemand schien zu merken, dass er, indem er Zeit sparte, in Wirklichkeit etwas ganz anderes sparte. Keiner wollte wahrhaben, dass sein Leben immer ärmer, immer gleichförmiger und immer kälter wurde. Deutlich zu fühlen jedoch bekamen es die Kinder, denn auch für sie hatte nun niemand mehr Zeit. Aber Zeit ist Leben. Und das Leben wohnt im Herzen. Und je mehr die Menschen daran sparten, desto weniger hatten sie."

Wir leben außengeleitet, mit Blick auf den äußeren Fortschritt und merken nicht, wie dabei unser Geist und unsere Seele hungern, ja verkümmern.

Wir leben in einem Zeitalter der Unsicherheit und des erschöpften Selbst, der inneren Leere.

Alles dieses Zuviel stellt große Herausforderungen dar. Viele Menschen sind überfordert, weil sie alles selbst regeln müssen. Alain Ehrenberg spricht deshalb vom „erschöpften Selbst". Es fehlt das tragende Fundament im Leben, das uns Halt gibt und trägt. Menschen stellen mehr denn je Fragen wie diese:

- Wonach soll ich mich richten?
- Welche Werte tragen mich noch?
- Wie finde ich den Sinn für mein Leben?
- Welche Wegweiser gelten für mich?

Eine Reise nach innen kann oft Antworten auf die existentiellen Fragen geben.

Wir brauchen eine neue Lebenseinstellung:

- Sich selber finden, sich selber treffen
- aus dem Hamsterrad meines Alltags aussteigen
- aus dem Kreisen meines Denkens aussteigen
- Sorgen ausblenden, abgeben, nach vorne schauen.

> „Der Mensch braucht Stunden,
> wo er sich sammelt
> und in sich hineinlebt."
> **Albert Einstein**

Nur wenn wir das äußere Getöse abschalten und den Strom der Informationen und Gedanken anhalten, die auf uns einprasseln, können wir uns selbst finden.

Sich regelmäßig besinnen wird zur Aufgabe

Nehmen Sie sich Zeit, um auf Ihr Leben zu schauen, auf das, was Sie trägt und wichtig ist.

1. Ich nehme mir Pausen zum Besinnen.
   Ich spüre in meinen Körper hinein: Was fühle und denke ich?
2. Ich suche nach Tugenden im Leben.
   Was trägt mich, gibt mir Halt im Leben? Was ist typisch für mich und stärkt mich?
3. Was bewegt mich in meinem Innern?
   Ängste; Alter, Hoffnungen, Zuversicht?
4. Wofür bin ich dankbar?
   Was war gut in meinem Leben?
5. Welche Ziele, Visionen, Hoffnungen habe ich?
6. Woran glaube ich? Wofür bete ich?

Sich dem Leben stellen

Es gehört zu unserer Aufgabe im Leben, die Realitäten anzuerkennen und jeweils vernünftige Strategien zu finden, um so das Beste aus dem Leben zu machen, eine Balance zwischen innerer und äußerer Wirklichkeit zu praktizieren.

Einen Weg dazu hat der Medizinsoziologe Aaron Antonowsky entwickelt. Er beschreibt drei Komponenten, die „Sinn für Kohärenz" darstellen:

- Verstehbarkeit
- Handhabbarkeit bzw. Bewältigung
- Bedeutsamkeit respektive Sinnhaftigkeit

Menschen, die innerlich widerstandsfähig sind, glauben, dass ihre Situation irgendeinen Sinn hat, für den sie sich engagieren können. Sie sind überzeugt, dass sie ihre Lage handhaben und ihr Leben bewältigen können und dass ihr Leben verstehbar ist, selbst wenn es chaotisch und unkontrollierbar zugeht. Mit einem achtsamen Leben, mit einem starken Ich-Selbst kann man seine Lebensbalance halten und die Freude am Leben finden.

1.7 Leben wie auf der Achterbahn

Das Leben ist wie eine Achterbahn. Wie auf dem Rummelplatz geht es im Leben auf und ab. Es gibt Lebenskrisen, Trennungen, Arbeitslosigkeit, Umbrüche, Krankheiten. Auch im Hinblick auf die Zukunftserwartungen, die beruflichen Möglichkeiten, das persönliche Wohlergehen befinden wir uns in einer Achterbahnmentalität. Es gibt in jedem Leben Kurven, Drehungen, Wendungen, Leid und Ängste. Dabei ist es wichtig, die Grobrichtung, das Fundament, den Halt im eigenen Leben nicht aus dem Auge zu verlieren.

Das Leben ist nicht ein „Jammertal". Es geht meist wie auf der Achterbahn auf und ab. Wichtig ist dabei, bei der Abwärtsfahrt schon an das Aufwärts zu denken, die Grobrichtung, die Quellen der Zuversicht zu mobilisieren. Wer weiß, wohin es letztendlich hingeht, der wird auch Achterbahn-Leben besser überstehen. Selbst in Turbulenzen und in der Lebensdynamik, die wie eine Nebelfahrt ist, können wir Schritt für Schritt weiterfahren. Aber das Tempo und die Unsicherheit des Lebens lassen sich durch Besinnung und Orientierungskräfte und Werte steuern. Nicht alle gesellschaftlichen Veränderungen und persönlichen Entwicklungen, nicht alle Trends und Moden bedeuten zwangsläufig menschlichen Fortschritt. Im Gegenteil.

Der Journalist und Christ Peter Hahne sagt (in „Was wirklich zählt", Hamburg 2011, S. 11):

> „Ich fürchte, wir machen uns arm, wenn wir den reichen Schatz guter Traditionen einfach über Bord werfen. Respekt und Redlichkeit, Anstand und Nächstenliebe, Toleranz im Umgang miteinander und Akzeptanz von Standpunkten, Achtung vor Schöpfung und Lebensrechten – all das sind und bleiben Grundwerte, für die es sich im praktischen Alltag einzutreten lohnt. Vorbilder sind gefragt, keine Vorschriften."

Wer ahnt, dass letztlich doch alles besser oder gut ausgeht, der fürchtet sich auch nicht vor der Achterbahnfahrt des Lebens. Er findet vielmehr die Kraft zum Loslassen, Aushalten oder gar Überwinden. Eine zentrale Kraftquelle ist der Glaube an Gott.

In einem alten Kirchenlied von 1656 heißt es:

> „Wo unsere Ohnmacht übermächtig wird,
> bleibt die Allmacht Gottes."

Dietrich Bonhoeffer dichtete kurz vor seiner Hinrichtung 1944 folgende Zeilen:

> „Von guten Mächten wunderbar geborgen,
> erwarten wir getrost, was kommen mag,
> Gott ist mit uns am Abend und am Morgen
> Und ganz gewiss an jedem neuen Tag."

Eine solche Einstellung kann uns Ruhe und Kraft geben, unser Leben aktiv zu gestalten.

1.8 Wandel im Wert- und Sinnverständnis

Wir leben heute oft ohne ein geistig-seelisches Lebens-Fundament, ohne Werte, Sinn, Bindungen. Wir brauchen Orientierung, um auf der Achterbahn des Lebens den Kurs zu halten. Die Suche nach tragenden Werten und Sinn gestaltet sich sehr schwierig.

In einer so pluralistischen Welt relativieren sich die grundlegenden Werte und Sinnangebote. Wir befinden uns außerdem in einem tiefgreifenden Wandel des Wertverständnisses. Das Allensbacher Institut bestätigte den Verlust der Bindung an die Religion, den Mangel an Anerkennung von Normen, Hierarchien und Autoritäten und den Verlust von traditionellen Werten wie Höflichkeit, Wertschätzung von anderen Menschen und Gemeinschaftssinn. Gleichzeitig entwickelte sich eine Ich-Mentalität. Die Ansprüche an andere wuchsen. Auch der zentrale Grundwert, das Ja zu sich selbst und zum Leben, verlor seine allgemeine Verbindlichkeit. Uwe Böschemeyer (Worauf es ankommt, Werte als Wegweiser, München 2005, S. 47) drückt es so aus:

> „Dieser Wert hat eine Reihe unterschiedlicher Aspekte, die jedoch alle miteinander verbunden sind, wie Liebe, Hingabe, Güte, Versöhnung, Friedfertigkeit, Wahrhaftigkeit, Echtheit, Offenheit, Hoffnung, Mut, Vertrauen, Geduld, Demut, Verlässlichkeit, Treue, Gerechtigkeit, Klarheit, Weisheit, Verständnis, Achtsamkeit, Gelassenheit, Leichtigkeit, Heiterkeit, Zärtlichkeit, Begeisterung, Kreativität, Verantwortung, Freiheit und Religiosität."

Daraus erwächst uns die Aufgabe, das Ja zum eigenen Leben, zu unserer inneren Stärke wieder zu erschließen.

Es gibt keinen letztgültigen Halt im Leben außer unserem eigenen inneren Halt. Je stabiler die eigene innere Welt, desto besser werden wir auch die äußeren Wirren, Krankheiten, Trennungen u.a. überwinden. Diese innere Welt wird wesentlich durch starke Sinngefühle und religiöse Kräfte wie Glaube, Hoffnung und Liebe geprägt. Alles, was uns trägt und motiviert, sinnvoll und erfüllt zu leben, ist in Geist und Seele, in uns, begründet. Es sind

**„Gründe zum Leben,
die der Verstand nicht kennt".**
Pascal

Zusammenfassend lässt sich sagen

Um unser Leben sinnvoll und erfüllt zu leben, brauchen wir drei Fundamente:

- Ein starkes Selbst, Persönlichkeitskräfte, helfen uns, achtsam unsere Innenwelt zu meistern und erfolgreich unser Leben zu gestalten.
- Ein zweites Lebensfundament besteht in der persönlichen Lebensqualität und Lebensordnung, in der Kraft, sein Leben in Balance zu leben, es aktiv lebenswert zu gestalten.
- Ein drittes Fundament sind die spirituell-religiösen Kräfte. Eine Garantie für ein erfülltes Leben in Beruf, Familie und Gesellschaft gibt es nicht. Deshalb ist es sinnvoll, Gottvertrauen zu haben. Eine alte Lebenserfahrung lautet: „Hilf dir selbst, dann hilft dir Gott". Es gilt auch : „Der Glaube versetzt Berge". „Der Glaube hat dir geholfen".

Mit Hilfe unseres Denkens, unserer inneren Bilder können wir unseren Lebensweg, unsere Ziele programmieren. Der Geist und damit auch ein Mentaltraining können uns Halt und Kraft geben. Mit einer bewussten mentalen Steuerung unseres Lebens lässt sich der Lebensweg erfolgreich gestalten.

Das Wissen, der Glaube daran, dass ich tatsächlich die Fähigkeit hatte, mein eigenes Schicksal zu kontrollieren, hatten mir gefehlt. Doch nun wurde mir klar, dass ich einen großen Teil durchaus bestimmen konnte, auch wenn hin und wieder Dinge eintreten würden, die einfach durchgestanden werden mussten.

Was immer ich tat, ich begann jeden Tag mit neuem Elan und dem festen Willen, es weiter zu versuchen. Und das ist auch richtig so, denn wie wir aus dem Sport wissen, bedeutet Punkterückstand nicht gleich das Ende.

Darum geht es nämlich: Sobald wir das Vertrauen in uns selbst verlieren, haben wir keine Chance mehr, etwas zu erreichen. Denn dann beziehen wir sämtliche negativen Erlebnisse direkt auf unsere Person und verbuchen sie als „unsere Fehler". Stattdessen sollten wir den Dingen auf den Grund gehen. Wir müssen uns immer wieder und wieder fragen: „Was will ich erreichen? Warum will ich es erreichen? Wie fange ich es an?".

2. Innere Stärke als Lebenskraft

Innere Stärke ist jenes geheimnisvolle zentrale Kraftfeld in uns, welches unsere inneren Selbstkräfte und Energien freisetzt, uns hilft,

- Widerstand zu leisten gegen die Belastungen und Anforderungen des Lebens, von Arbeit und Freizeit,
- den Blick nach vorne voller Zuversicht und Optimismus zu richten und
- aus einem Gefühl der Selbstsicherheit zu handeln.

Im Zeitalter der Zuvielisation und Überforderung wird das äußere Selbst zu stark geprägt durch Geld, Besitz und Arbeit. Das trägt jedoch nicht zur Zufriedenheit und Lebensorientierung bei. Wichtiger ist, den Blick in unsere innere Schatzkammer zu richten, zu mehr Bewusstsein für den wahren Reichtum des Lebens.

2.1 Was macht Menschen stark?

Es gibt Menschen, die in fast allen Lebenssituationen Ruhe und Gelassenheit ausstrahlen. Sie lassen sich nicht so leicht aus dem Gleichgewicht bringen. Ruhe und innere Stärke sind ein inneres Kennzeichen von reifen Persönlichkeiten. Innerlich starke Menschen sind den Herausforderungen des Lebens besser gewachsen. Sie lassen sich von Schwierigkeiten nicht unterkriegen, vielmehr lernen sie daraus.

Ein Beispiel für diese innere Stärke sind die Shaolin-Mönche, die innere Stärke durch Geistestraining (Meditation und Men-

taltraining), durch eine Mischung aus Körper- und Energie-
übungen, aber auch durch Selbststärkung, durch Selbstdisziplin
erreichen. Das zeigt: Innere Stärke lässt sich durch Körper-,
Geist- und Seelentraining aufbauen. Jeder kann sich selbst stark
und immun machen und dieses Kraftfeld in sich entwickeln und
verbessern, um so leichter mit den Herausforderungen des Lebens fertig zu werden. Zusammenfassend stellt sich innere Stärke wie folgt dar:

Innere Stärke ist mein persönliches Kraftfeld im Innern.
Ich weiß, wer ich bin und was ich kann und will, und strahle das
auch aus, habe Halt und Orientierung durch mich selbst.

Innere Stärke bedeutet:
Ich fühle meine eigene Kraft. Wenn ich mich einmal schwächer
fühle, weiß ich, dass ich mich auf mich selbst verlassen kann
und dort Energie und Orientierung finde.

Meine eigene innere Stärke repräsentiert mein Selbstbild. Dieses verleiht mir Akzeptanz, Ausdauer, Sicherheit, Orientierung,
Halt, Widerstandskraft, Geborgenheit und Zuversicht.

Das Selbst als Kern der inneren Stärke
In der heutigen hektischen materiellen Zeit wächst zunehmend
die Sehnsucht nach mehr innerer Stärke und nach höheren
Mächten, nach Spiritualität. Das bedeutet einen Rückzug vom
materiellen Wohlstandsdenken, von Leistungsdruck und Er-
folgsstreben, um so durch die inneren Kräfte des Selbst sein
eigenes Leben gegen das äußere, gesellschaftliche Selbst zu ver-
teidigen. Eine neue Spiritualität kommt auf, die der Duden mit
„Geistigkeit, inneres Leben – geistiges Wesen" definiert.
    Bruce Lipton, der bekannte Zellforscher, drückt das so aus:

„Ich frage mich nicht mehr, wer ich gerne sein möchte, denn die Antwort ist selbstverständlich geworden: Ich will ich selbst sein!"

Daher gilt: Je mehr wir den Fokus auf die innere Entwicklung und unsere Selbstkräfte richten, desto mehr nähren wir sie. Es geht also darum, das eigene Selbst weiter zu entwickeln, nicht mehr tragbare Programmierungen durch neue zu ersetzen, um innerlich stark und selbstbestimmt sein Leben zu gestalten.

Unser Selbst ist ein geistiges, körperliches, seelisches und biografisches Energiesystem, das uns Kraft für die Selbst- und Lebensentwicklung gibt. Unser Selbst bedarf jedoch der Pflege und Entwicklung. Dabei gilt, was schon Augustinus (354-430 n. Chr.) sagte: „Sei stets unzufrieden mit dem, was Du bist, wenn Du erreichen willst, was Du noch nicht bist."

Das innere Selbst als System

Im Zentrum unseres inneren Systems gibt es etwas, das sich von anderen Persönlichkeitsteilen unterscheidet. Es ist die Mitte unseres Seins, des Bewusstseins, es ist das Selbst. Dieses stellt ein inneres System dar, das sich nur schwer beschreiben lässt. Es ist ein Verbundsystem bzw. eine innere Familie, zu der körperliche, geistige, seelisch-emotionale und lebensbezogene, biografische Einflüsse gehören, die ineinander greifen und sich wechselseitig bedingen. Antonio Damasio (Selbst ist der Mensch, München 2011) unterscheidet das Selbst in Teilbereiche, die bei entsprechender Entwicklung, Pflege und Förderung sich als innere Stärke darstellen.

Der Kern dieses Selbst lässt sich als Dirigent eines Orchesters sehen. Alle inneren Teile, also Körper, Geist, Seele, Emotionen und

Biografie sind die Musiker, welche mit ihren Instrumenten, d.h. ihren Prägungen und Regungen, die Musik unseres Lebens spielen.

> „Ohne Musiker gibt es keine Musik.
> Ohne Dirigent wird die Musik jedoch chaotisch,
> falls sie überhaupt beginnt."
> Tom Holmes, Reise in die Innenwelt, München 2013, S. 20.

Gehen wir zur Arbeit, aktiviert der Dirigent aufgrund von Prägungen, Erfahrungen und Fähigkeiten den Teil, den wir zum Arbeiten brauchen. Wenn wir uns gut und harmonisch fühlen, hat unser Dirigent, unser Selbst, es leicht, jene Teile in uns hervorzuholen, die gerade gebraucht werden, weil alle Teile im Einklang sind.

Welche Qualitäten haben wir aufgrund unseres Selbst? Roberto Assagioli, der Begründer der Psychosynthese, beschreibt das Selbst als die Erfahrung,

> „fähig zu sein, angesichts äußerer Mühsal und inneren Elends zentriert zu bleiben. Diese Erfahrung bedeutet, ständig bewusst zu sein und wählen zu können, sich nicht erschüttern zu lassen von Veränderungen im Körper, in den Gefühlen und im Geist."
> Zit. nach Tom Holmes, a.a.O., S. 29.

Ein solches Selbst, gestärkt und aktiv, ist also aufgrund seiner inneren Orientierungs- und Gestaltungskraft eine Lebenskraft, die uns hilft, besser mit den Herausforderungen des Lebens fertig zu werden.

Das System unseres Selbst verfügt aufgrund der Einzelteile über verschiedene Fähigkeiten, die uns helfen, das Leben sinnvoller und selbstbestimmter zu gestalten. Es sind

- Achtsamkeit, Gewahrsein,
- mentale Gestaltungskraft,
- Mitgefühl und Vitalität,
- Erfahrung und Erlebnisprägung
- Harmonie und Gleichgewicht

2.2 Meine innere Wirklichkeit gibt Halt im Leben

Wir leben heute stark außengeleitet. Das äußere Leben, die Zivilisation hält uns oft in Atem. Die innere Entwicklung wird dabei oft unterentwickelt, findet wenig Beachtung. Wir können deshalb von einer vernachlässigten inneren Entwicklung sprechen.

Vernachlässigte innere Entwicklung

Die inneren Kräfte, unser Ich-Selbstbewusstsein, bildet aber den inneren Wesenskern eines jeden Menschen, der uns die notwendige Selbstbestimmung und Widerstandskraft für die Lebensgestaltung gibt. Die innere Wirklichkeit besteht aus einem Bündel von Kräften, die in ihrer Gesamtheit die Selbststärke, das innere Fundament des Lebens widerspiegeln. Diesen inneren Persönlichkeitskern gilt es ständig zu pflegen und zu schützen, sich ständig neu zu erfinden, um den sich wechselnden Herausforderungen des Lebens gewachsen zu sein und selbstbestimmt durchs Leben zu gehen, sein Selbstbewusstsein zu entwickeln.

> „Jeder möchte die Welt verbessern; und er könnte das auch, wenn er nur bei sich selbst anfangen wollte."
> **Karl Heinrich Waggerl**

Erfinden Sie sich neu!

> „Es überlebt nicht der Stärkste oder der
> Intelligenteste einer Art, sondern der, der sich
> Veränderungen am besten anpasst."
> **Charles Darwin**

Erst in jüngster Zeit entschlüsseln die Wissenschaften den inneren Wesenskern des Menschen ganzheitlich. Im Zentrum steht das Ich-Selbst-Bewusstsein. Antonio Damasio, einer der bedeutendsten Neurowissenschaftler unserer Zeit, belegt in seinem Buch „Selbst ist der Mensch" (München 2011) die Bedeutung des Selbst für ein selbstbestimmtes, stabiles Leben. Damasio erklärt, wie Körper, Geist, Emotionen und Lebensenergien einander unsere innere Wirklichkeit bedingen. Diese erhält jedoch auch die wesentliche Prägung durch religiös-spirituelle Einflüsse, durch einen Gott, der Glaube, Hoffnung und Liebe ermöglicht. Daraus ergeben sich folgende Kraftfelder des inneren Selbst:

Die Kraftfelder des inneren Selbst

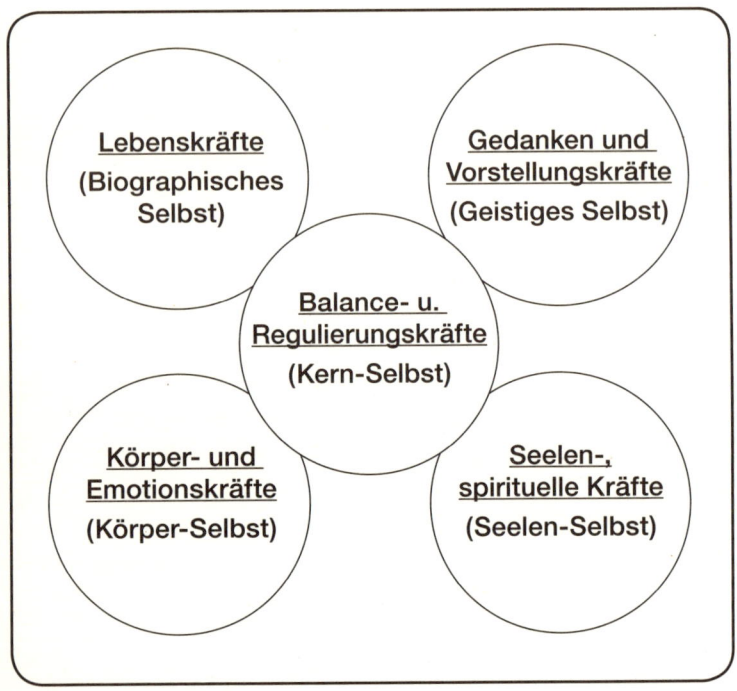

Lebenskräfte
(Biographisches Selbst)

Gedanken und Vorstellungskräfte
(Geistiges Selbst)

Balance- u. Regulierungskräfte
(Kern-Selbst)

Körper- und Emotionskräfte
(Körper-Selbst)

Seelen-, spirituelle Kräfte
(Seelen-Selbst)

Das wahre Selbst in mir fördern

Durch die Herausforderungen und Belastungen der Zuvielisation und durch Unsicherheiten, durch die selbstempfundene Erschöpfung entsteht zunehmend das Bedürfnis nach Stärkung der eigenen Selbstkräfte, nach vermehrter Selbstentwicklung, nach mehr Selbst- bzw. Innenorientierung.

Ziel ist es also, das wahre Selbst in mir zu fördern, das Bild von mir selbst zu verbessern. Das folgende Fallbeispiel zeigt den Weg.

Fallbeispiel

Claudia gelang die innere Wende

Claudia, seit 15 Jahren verheiratet, dachte, glücklich und zufrieden mit dem Partner, den Kindern und ihrer Arbeit zu sein. Sie funktionierte sehr gut. Doch eines Tages kam es zum Bruch. Claudia hatte auf alles geachtet, nur nicht auf ihr Selbst, auf das, was sie wollte, dachte, empfand. Sie war außengesteuert, ihre Seele, ihr Selbstbewusstsein, ihre innere Stärke waren bei dem äußeren Vielerlei nicht mitgekommen. Bei all dem Druck fühlte sie sich ohnmächtig und ängstlich. Es fehlte ihr eine innere Widerstandskraft, etwas Eigensinn: „Wer bin ich eigentlich?" Sie brauchte jetzt Zeit für sich zur eigenen Besinnung, um sich klarzuwerden: „Was sind meine inneren Lebenskräfte? Worauf will ich mich konzentrieren? Wo fühle ich mich geborgen?"

Sie wollte sich wieder näherkommen, sich selbst neu finden, um von innen heraus mit Selbstvertrauen, Selbstverantwortung zu leben, nicht nur angepasst zu funktionieren. Innengeleitet, selbstbestimmt zu sein war ihr jetzt wichtiger. Deshalb wollte sie jetzt wissen, was wichtig und was unwichtig ist in ihrem Leben.

Dabei fiel Claudia die Begegnung mit einer älteren Dame ein. Täglich trifft sie diese seit einiger Zeit im Vorbeigehen. Dann wechselten sie ein paar freundliche Worte. Claudia bewunderte die ältere Dame. Sie strahlte etwas aus. Trotz fortgeschrittenem Alter, etlichen Operationen und durchlebten Krisen wirkte sie immer noch lebensfroh und ausgeglichen. Sie sprach positiv über ihr Leben und hatte trotz körperlicher Schwierigkeiten einen wachen Geist. Claudia bewunderte die Kraft der Dame, wie sie ihr beschwerliches Leben meisterte. Als sie die Dame fragte, woher ihre Kraft für das Leben komme, antwortete diese mit einem Lächeln im Gesicht:

„Aus mir selbst. Jeden Morgen nach dem Aufstehen sage ich mir: „Ich lebe mein Leben und bin dankbar für jeden Tag. Es gibt immer einen Weg, weiterzugehen. Gott, der Herr, begleitet mich bei allem, was ich denke, fühle und tue. Deshalb kann ich weitergehen, weiterleben, meine eigene Kraft fühlen."

Claudia dagegen empfand ihre eigene innere Stärke nicht mehr. Sie fühlte sich schwach und ausgelaugt. Manchmal sah sie sich gezwungen, das Bedürfnis nach ihrer inneren Stärke beim Partner, bei anderen Menschen oder gar im Alkohol einzufordern. Dieser Weg erwies sich nicht als erfolgreich. Besser wäre, sich auf eigene Lebenserfolge zu besinnen, sich mental in einen glücklichen Gedanken zu versetzen. Positive Erfahrungen machen innerlich stark.

Kinder und Erwachsene, die sich als besonders widerstandsfähig, mit guter Stehauf-Mentalität erwiesen, wurden von Resilienzforschern als gut gebaute, herzliche und intelligente Menschen beschrieben. Sie konnten sich rasch neuen Bedingungen anpassen, konnten schneller loslassen und einen Aufbruch wagen. Sie konnten nach einem Scheitern, in einer Krise, schnell wieder aufstehen. Ihre innere Stärke half ihnen dabei.

Auf das Selbstwertgefühl kommt es an

Das Selbst kann uns innere Stärke, Zuversicht, Vertrauen und ein klares Bewusstsein bieten. Es kann aber auch negativ geprägt sein, z.B. durch traumatische Ereignisse. Ob uns das Selbst innerlich bereichert, zuversichtlich stimmt und zukunftsorientiert führt oder eher miesepetrig, pessimistisch und negativ beeinflusst, hängt stark von der Prägung in Elternhaus und Lebensumfeld ab. Das Selbst kann uns in die Resignation, die Hoffnungslosigkeit und zu seelischem Leid, aber auch zu Optimismus, Zuversicht, Geborgenheit und Lebensfreude führen. Wir selbst und unser Umfeld im Lebensverlauf prägen also die inneren Lebenskräfte des Selbst, die inneren Stärken. Es lohnt sich, an sich selbst zu arbeiten.

Ein starkes Selbst als bester Halt im Leben

Die Zunahme der vielen zeit- und lebensbedingten Krankheiten hat viel mit unserer geistig-seelischen Unterernährung und der fehlenden Selbstkompetenz zu tun. Hinter unserem eigenen Denken, Fühlen und Handeln befindet sich als „Dirigent im Orchester des Lebens" unser Selbst, unsere Charaktereigenschaften, unser Selbst-Code. Sie sind entscheidend
*   für unsere Stimmungen, unsere Einstellungen zum Leben,
*   dafür, ob wir unser Leben, unsere Arbeit als erfüllend finden,
*   dafür, ob wir das Wechselbad unserer Gefühle in den Griff bekommen

Diese unsere innere Wirklichkeit bedarf der verstärkten Beachtung. Kneipps Worte „Vergesst mir die Seele nicht" deuten darauf hin.

Wenn ich mit mir im Einklang bin, sind auch meine Gefühle, mein Geist, mein Leben in Ordnung. Ich bin nicht innerlich zerrissen, lebe nicht mit inneren Konflikten und besitze oft einen 7. Sinn.

Seelisch-geistige und energetische Zerrissenheit und Orientierungslosigkeit sind eine Erscheinung unserer Zeit. Wir sind oft außengeleitete Menschen, leben zu sehr in der äußeren, dinglich-materiellen Welt. Geld und materieller Wohlstand ist vielen wichtiger als Glaube, Hoffnung und Liebe, als ein starkes Selbst.

Selbstbewusstsein und Selbstsicherheit entstehen in unserem eigenen Ich.

> **„Ein Grundfehler liegt darin, dass die meisten Menschen gerade das für gut halten, was ihnen am angenehmsten erscheint, dabei aber das wirklich Gute vergessen."**
> **Sebastian Kneipp**

Unser Navigationssystem für das Leben

Wir brauchen nicht nur in Krisensituationen, bei Umbrüchen, sondern auch für den Lebensalltag ein starkes Selbst. Unser Selbst ist als Kern unserer Persönlichkeit eine Art Navigationssystem, welches uns zeigt,
* wohin wir gehen sollen,
* was wir tun, damit es uns gutgeht,
* welche Bedürfnisse, Ziele wir haben.

Unser Selbst gewährt uns
* Selbstvertrauen, Selbstbewusstsein,
* lässt uns stark sein in den Stürmen des Lebens,
* gibt uns innere Stärke und Widerstandskraft.

Unser Selbst lässt sich vergleichen mit einem Bambusrohr, das sich in den Stürmen zwar bewegt, aber wegen seiner Elastizität immer standhaft bleibt, nicht bricht, sondern sich wieder neu aufrichtet.

So ging es auch Klaus, der die Diagnose Diabetes Typ 2 bekam. Er verdaute die Diagnose kurz, schaute nach vorne und sagte: „Ich will weiter leben, weiter gehen, weiter wachsen, ein neues

Leben wagen, ein anderes als bisher, ein besseres, und mit mir selbst im Einklang leben. In mir finde ich die Kräfte dazu. Wenn diese Kräfte nicht reichen, kann ich mein Selbst weiterentwickeln."

„Was vor uns liegt und was hinter uns liegt,
sind Kleinigkeiten zu dem, was in uns liegt."
Henry David Thoreau

Wege zu mir selbst

Viele Wege führen nach Rom, so heißt es. Doch Rom liegt in der äußeren Welt. Egal, wohin du reist, wo du im äußeren Leben suchst, welche Gegend du auch bereist, **du wirst dich dort niemals finden.**

Viele Menschen suchen in den Lebensumständen nach Erfüllung, nach dem Sinn ihres Lebens. Doch die wirkliche Suche nach dir selbst, nach dem eigenen Selbst-Sinn führt uns nach innen.

Ruhend im Zentrum deiner eigenen, inneren Welt liegt Halt und Orientierung für uns selbst. So können wir durch innere Stärke besser nach außen leben.

Nur wenn wir uns selbst im Innern suchen, finden wir auch unser wahres Glück – denn

„Das Glück wohnt nicht im Besitze und nicht im
Golde, das Glücksgefühl ist in der Seele zu Hause."
Demokrit 460 -311 v. Chr.

Heute würden wir sagen:
„Wahres Lebensglück, innerer Halt und Orientierung wohnen in

dir selbst. Deshalb wende dich nach innen und suche dich selbst. Bedenke, wer du bist und was du willst. Besinne dich!

Dabei gilt:
„Um an deine inneren Quellen zu kommen, musst du gegen den Strom schwimmen".

2.3 Das Geheimnis der inneren Stärke

Woher kommt die innere Stärke in einem Menschen? Es gibt in jedem Leben deprimierende Situationen, Misserfolge, Krisen, Lebenseinschnitte, Kritik und Zweifel. Das hat oft gravierende Folgen. Es gibt Menschen, die leiden oft lange unter diesen Ereignissen. Andere haben die innere Stärke, schnell den Blick nach vorne zu richten, statt in Kummer oder Trauer zurückzublicken. Sie besitzen Selbstsicherheit, die den Großteil der negativen Auswirkungen abfallen lässt, und schauen gezielt konstruktiv und lösungsorientiert nach vorne.

Fallbeispiel

Woher kommt diese Kraft?
Die Geschichte von Natascha Kampusch, einer jungen Österreicherin, die als Zehnjährige auf dem Weg von der Schule nach Hause entführt wurde und acht Jahre lang in einem Verließ festgehalten wurde, kann als Beispiel für ein sich entwickelndes, starkes Selbst gelten. Als die junge Frau nur zwei Wochen nach ihrer Flucht im Fernsehen auftrat, gab sie sich wie eine innerlich starke und selbstbewusste Frau, nicht als hilfloses Opfer. Die Frage bleibt: Woher kommt diese innere Selbststärke? Wie kann eine junge Frau ein solches Martyrium überstehen, wäh-

rend andere Menschen schon bei kleinen Krisen den Lebensmut verlieren. Warum verdauen wir Kritik eines Kollegen oft tagelang? Warum werden manche Menschen nach einer Scheidung oft erst nach Jahren damit fertig? Warum arbeiten Menschen bis zur Selbstsabotage, bis zu einem Burnout, zu einem Zusammenbruch, ohne durch die innere Kraft sich für einen anderen Arbeits- und Lebensstil zu entscheiden und einen neuen Lebenssinn zu finden?

Wie entwickelt sich innere Stärke?

Resilienzforscher und Neurowissenschaftler suchen seit einiger Zeit nach Faktoren, die uns innere Stärke in kritischen Situationen geben. Die einen sehen schwierige Umstände als Herausforderung und suchen nach Lösungen, während andere nicht die Kraft finden und kapitulieren. Weniger resiliente Menschen finden nicht die innere Sicherheit, das Selbstvertrauen, mutig einen neuen Weg zu beschreiten. Die Frage, was manche Menschen so stark macht, ist heute immer noch nicht erschöpfend geklärt. Eines wissen wir heute jedoch sicher: Ein starkes Selbst gibt uns in solchen kritischen Situationen Selbstsicherheit, Selbstvertrauen, Motivation. Ein starkes inneres Selbst entwickelt bzw. formt sich primär durch uns selbst, durch autobiografische, geistig-mentale, emotionale und seelisch-spirituelle Kräfte.

Fallbeispiel

Ich wundere mich, was aus mir geworden ist
Peter S., 80 Jahre, dachte über sein Leben nach: „Was hat mich zu dem gemacht, was ich heute bin? Ich bin geistig noch fit, körperlich mit einigen Einschränkungen. Meine Gefühle, meine

Seele hatten immer Platz in meinem Leben. Ich war nie getrieben von Wohlstand, Arbeitsbesessenheit, Konsumrausch, habe immer auf meine innere Stimme gehört. Mein Seelenheil war für mich wichtig. Mein eigenes Navigationsgerät hat mir – Gott sei Dank – immer den Weg gezeigt."

Welche Kräfte im Innern von Peter haben ihm den Weg gezeigt? War es seine Biografie, sein bewusstes Leben, sein Denken, seine Lebenserfahrung, sein starkes inneres Selbst?

> **„Unser Gehirn wird von ganz alleine so, wie und wofür wir es mit Begeisterung benutzen... Wir Menschen können uns für etwas interessieren, uns für etwas begeistern und etwas für wichtig halten."**
>
> **Gerald Hüther, Was sind wir und was wir sein könnten, Frankfurt 2011, S. 152**

Wir können also zum Entdecker und Gestalter unserer eigenen Lebenswelt werden.

Innere Pflege ist notwendig

Wir brauchen den Wandel vom entfremdeten zum unabhängigen, starken Selbst. Je mehr Ablenkung und Steuerung von Außenereignissen, desto schwerer fällt die Konzentration auf die innere geistig-seelische Entfaltung und Energetisierung. Das Gehirn wird durch Außenaktivitäten oft besetzt und programmiert.

Wir brauchen ein mentales Programm für die Selbstentfaltung, um uns nicht z.B. von einem gut gemachten Werbespot betäuben, entfremden und emotional betroffen machen zu lassen. Wir müssen diese Werbung ausblenden, unsere Aufmerksamkeit bewusst, zielgerichtet auf eigene Ziele und uns selbst richten, mehr für uns selbst und unsere eigenen Gedanken und Gefühle da sein. Meditation ist hierzu ein Weg. Wir sollten uns auf das, was innerlich stärkt, auf inneren Frieden und Balance konzentrieren, z.B. durch Nichtshören, Nichtssehen, Nichtsdenken.

Je mehr wir in unserer Tagesstruktur Entspannung, Tagträume und Meditation integrieren, desto besser können wir unser Selbst entfalten, stärken und uns vor Erschöpfung und Fremdbeherrschung schützen. Wir brauchen mehr Orientierung an dem, was Halt, Zuversicht, Gelassenheit und innere Stärke bringt. Wir finden so mehr Lebenssinn, eine tragende Lebensperspektive. Körper, Geist und Seele kommen in Einklang.

Mehr Selfness

In unserer materiellen Denk- und Wohlstandsgesellschaft geht es immer mehr darum,
* mehr Eigenkompetenzen und
* dauerhaftes Selbst-Wissen zu erlangen.

> „Wir müssen lernen, die materiellen Wunder der Technologie mit den spirituellen Bedürfnissen unserer menschlichen Natur in Einklang zu bringen."
> **John Naisbitt, amerikanischer Prognostiker**

Dem Trend von der Selbstdarstellung folgt jetzt die Förderung der Selbstfindung.

Matthias Horx prägte bereits 2002 den Begriff „Selfness". Gemeint ist damit, „sich mit sich selbst in Beziehung zu setzen,"

- die Pflege, das Fördern und das Verändern seiner eigenen inneren Kräfte, die Mindfitness,
- das Einbeziehen, die Integration von Körper, Geist, Seele, Lebenssinn, Emotionen in Sein und Tun.

Bei Selfness geht es um die dauerhafte Selbstentwicklung. Das innere Selbst rückt ins Zentrum, in die eigene Verantwortung, um das eigene Potenzial zu fördern und wirklich zu leben. **Selfness** bedeutet Wachstum und Aufbruch, Selbstgestaltung.

Auf mein Selbstbild achten

Welches Selbstbild habe ich von mir? Wie sehe ich mich selbst? Welche Gefühle verbinden sich mit mir? Bin ich voller Selbstvertrauen, bin ich selbstsicher, mir selbst bewusst? Kenne ich meine Stärken und Schwächen?

Das Selbst lässt sich als leerer Raum in unserem Bewusstsein und in unserem Unterbewusstsein darstellen. Dieser Raum hat sich im Laufe des Lebens bewusst oder auch unbewusst intuitiv gebildet. Dieses Selbst ist der Kern unseres Seins. Es ist der Ort, der unsere Mitte darstellt, der sich „auszeichnet durch achtsames Gewahrsein, mitfühlende Verbundenheit und ruhige, zuversichtliche Klarheit." (Tom Holmes, Reisen in die Innenwelt, München, 3. Aufl. 2013, S. 27). Im Schatzkästlein des Unbewussten liegen unsere Vorstellungen, Eindrücke, Erinnerungen, die positiven, die negativen verborgen.

Dieses unser inneres Wesen, unser Selbst, drückt sich aus
- durch unsere Wünsche und Begierden,

- durch Gedanken und Gefühle,
- durch Ehrgeiz und Selbstlosigkeit
- durch geistig-seelische Orientierung

Es zeigt uns unsere Stärken und Schwächen, unsere Selbstsicherheit und unser Selbstbewusstsein. Unsere innere Ausrichtung, unsere innere Stärke gestaltet die äußere Verfassung des Körpers und unseres Lebens, prägt unser Selbstbewusstsein und unsere Selbstsicherheit.

Je kraftvoller und stärker unser Selbst, umso besser können wir mit Umbrüchen im Leben, Trennungen, Lebenskrisen und Krankheiten umgehen. Ein schwaches Selbst macht uns unsicher im Leben.

Ein Selbst, von dem keine Energie, keine Zuversicht, keine geistig-seelische Kraft ausgeht, kann uns irgendwann krank machen, weil die inneren Widerstandskräfte fehlen.

Wer „immer unsicher oder ängstlich ist, ein schwaches Ich hat, wirkt nach außen unsicher, wird außen jeden angreifen, der ihm diese Angst und Unsicherheit spiegelt" (Katarina und Peter Michel, 12 Gesetze der Heilung, Grafing 2011, S. 22). Dort heißt es:

> **„Wer innerlich in Disharmonie lebt oder von innerer Unordnung bestimmt wird, kann nicht wahrhaft gesund werden. Gesundheit und innere Ordnung stehen in einem unmittelbaren Zusammenhang."**

Im Krankheitsfalle kann man zwar ein Organ auswechseln, den inneren Wesenskern eines Menschen kann man jedoch nicht verändern.

Menschen, die in ihrem Inneren unsicher, ängstlich, zerrissen, ohne Selbstbewusstsein und Selbstkern sind, leben nicht nur mit Beziehungs- und Lebenskonflikten, sondern werden auch leichter krank. Die große Zunahme der psychosomatischen Erkrankungen als eine Seele-Körper-Selbst-Erkrankung sind ein Spiegelbild der inneren Disharmonie. Unsere äußere, physische Störung ist ein wichtiger Indikator für inneres Fehlverhalten, für eine fehlende innere Ordnung.

Die Problematik unserer Zeit besteht darin, dass viele Menschen den inneren Reichtum vernachlässigen zugunsten der materiellen Konsum- und Lebensfülle und dann an der äußeren Überfüllung, Überstimulation erkranken. Innerer Halt, Orientierung und auch Widerstandskraft in unserem inneren Selbst-Wesen sind zu stark vernachlässigt und schwächen damit unser Selbstbewusstsein, unsere Selbststärkungs- und Selbstheilungskräfte.

Es ist deshalb eine zentrale Aufgabe des modernen, außengeleiteten Menschen, eine innere Selbstentwicklung in Gang zu setzen.

Selbstkonzept aufbauen als Prozess
Das Selbstkonzept, das jeder Mensch für sich zu entwickeln hat, erfolgt primär durch das Bewusstsein. Dabei gilt: Unser Gehirn konstruiert ein Bewusstsein, indem unser wacher Geist aus Gedanken, Erfahrungen, Gefühlen, Erinnerungen, Erziehung Wissen entwickelt. Daraus ergibt sich dann ein Selbstkonzept.

Ein solches Selbstkonzept entwickelt sich in unserer Lebenszeit nach Damasio (Selbst ist der Mensch, München 2011) stufenweise und unterliegt daher oft erheblichen Veränderungen.

Kinder entwickeln ihr Selbstkonzept aus konkreten beobachtbaren Eigenschaften und Erfahrungen und aus der Erziehung.

Später, im Laufe des Lebens, kommen immer mehr Gedanken, Vorstellungen, innere Bilder und abstrakte Konstrukte hinzu. Auch spirituelle Erfahrungen, Einstellungen, Religion prägen das Selbstkonzept. So kann das Selbstkonzept – je nach Wahrnehmung – Denkmuster und Vorstellungsbilder, negative oder / und positive Prägungen hinterlassen. Misserfolge und auch interne Erfahrungen und Vorstellungsmuster formieren sich zu Schemata im Bewusstsein, die beeinflussen, was wir wahrnehmen, wie wir über etwas denken und woran wir uns erinnern.

GRUNDSATZ
Wer von den 16 Wachstunden des Tages nicht ein paar für seine innere Orientierung, Muße und Liebe zu den Seinen und damit Nahrung für seine Seele aufwendet, verliert den Halt im Leben und ist eines Tages ausgebrannt. Dabei gilt: So wie mein Inneres, so mein Außen, meine Körper-, Geist-, Seelen- und Lebensqualität.

Sagt man „ich bin", hält man sich für das, wofür man sich hält. Man kann sich aber auch für das halten, was man zu sein glaubt. Seine wahre Identität zu finden ist in der Tat nicht leicht.

Seine Identität finden – mit sich im Gleichklang sein – trotz Zuvielisation

In digitalen Zeiten basteln sich viele Menschen eine künstliche Identität via Facebook und Internet. Diese steht oft im Widerspruch zum inneren, stabilen Selbstbild.

Die Grundlage jeder Individualität ist das

- Bewusstsein, etwas Eigenständiges zu sein: Wer bin ich, was kann ich, wohin will ich?
- das Bedürfnis, diese Einzigartigkeit durch eine bestimmte Lebensart auszudrücken.

Identität wird also primär bestimmt durch eigene persönliche Entwicklungsarbeit. Die klassischen Merkmale einer Person, wie familiäre Herkunft, Geburtsort und Religion, verlieren an Bedeutung. Der Mensch hat heute die Chance, seine Persönlichkeit und Identität durch die bewussten und unbewussten Gestaltungskräfte und Wahlmöglichkeiten zu entwickeln. Die Schwierigkeit ist nur, aus der Fülle der Möglichkeiten, aus der Zuvielisation, die richtigen Entwicklungspfade auszuwählen. Viele Menschen stricken sich heute mehrere Identitätsprofile, z.B. durch Selbstvermarktung und die digitalen Netze. Das führt oft zu Identitätsstörungen. So auch, weil die Identitätssäulen Beruf und Familie an Bedeutung verloren haben. Auch einschneidende Erfahrungen, Lebenskrisen wie Trennung vom Partner, Krankheit stören die Strahlkraft der Identität.

Es ist deshalb eine wichtige Aufgabe, achtsam zu leben und sich immer wieder zu fragen: Wer bin ich wirklich? Bin ich der, was ich empfinde? Was ist meine Identität. Die folgenden acht Säulen der stabilen Identität können bei der Suche nach seiner eigenen helfen.

Die acht Säulen der stabilen Identität

1. **Ich bin, was man mir gibt:** Selbstbild durch Erziehung, Sozialisation und Anerkennung.
2. **Ich bin, was ich erreichen kann:** Erfolg zwischen Wunsch und Widerspruch, durch Energie und Zielstärke.

3. **Ich bin, was ich mir vorstellen kann:** mentale Fitness und Vorstellungskraft.
4. **Ich bin, was ich lerne:** sich informieren, lernen, suchen mit Erfolg.
5. **Ich bin flexibel, immer ein anderer**: sich umstellen je nach Entwicklungsstufe und Situation im Lebensverlauf.
6. **Ich bin, was ich glaube:** Selbstentwicklung durch Vertrauen, Beziehung, Liebe, Glaube.
7. **Ich bin, wie ich lebe:** mein Leben, meine Verantwortung, meine Werte prägen meine Identität.
8. **Ich bin, wer ich geworden bin und werde:** das Leben, meine eigene Entwicklung akzeptieren und weiterentwickeln. „Weitergehen – Das Leben wartet nicht.

2.4 Strategien für mehr innere Stärke

Es gibt mehrere Wege, um innere Stärke im Laufe eines Lebens aufzubauen. Ein innerer Stärkezustand drückt sich durch den Körper, den Geist, die Seele und den Lebensverlauf aus. Wenn wir innere Stärke gewinnen wollen, dann können wir die Selbstkräfte trainieren. Das kann z.B. durch MindCoaching geschehen. Dabei gelten die folgenden fünf Grundlagen:

Die fünf Grundlagen der Lebens-Umstellung (MindCoaching)

> „Phantasie ist wichtiger als Wissen,
> Wissen ist begrenzt,
> Phantasie aber umfasst die ganze Welt.“
> **Albert Einstein**

1. Nutzen Sie Ihre Vorstellungskraft – programmieren Sie sich selbst.
2. Malen Sie Ihr Ziel und Ihren neuen Lebenshorizont aus.
3. Fühlen Sie sich so, als wäre Ihr Ziel schon erreicht. Stärken Sie positive Gefühle.
4. Achten Sie auf Ihre Aufmerksamkeit – „Das Glück deines Lebens hängt von der Beschaffenheit deiner Gedanken ab" (Marc Aurel). Gedanken fokussieren, vorausdenken.
5. Nutzen Sie den Alpha-Zustand und die Kraft des Unbewussten.
6. Stärken Sie Motivation und Antriebssystem.

„Was man nährt, das wächst."
Johann Wolfgang von Goethe

Dieses Selbsttraining mit dem Ziel, innere Stärke zu vergrößern, ist ein bewusster und unbewusster Entwicklungsprozess mit Hilfe des MindCoachings.

Bewusste und unbewusste Programme

Das Training erfolgt über ein bewusstes und unbewusstes Programm, durch Gedanken, Vorstellungen, Ziele, innere Bilder, Emotionen und Glaubenssätze. Ein solches Programm hilft mir, meine Persönlichkeit zum Ausdruck zu bringen, gibt mir Sicherheit und Selbstvertrauen, Selbstbewusstsein und innere Stärke und hilft mir dadurch, mein Leben selbstbestimmter zu gestalten.

Ein Teil dieses Programms ist bereits in meinem unbewussten Selbst abgespeichert. Dazu gehören solche,
• die ich im Laufe meines Lebens, meiner Entwicklung in Familie, Freizeit, Beruf und Leben übernommen habe. Das sind sowohl positive wie negative Prägungen.

- Dazu gehört auch die Gedanken- und Vorstellungswelt, z.B. die Art, wie ich denke, positiv oder negativ, kritisch oder lösungsorientiert, selbstbestimmt oder angepasst. Denken, Gedanken und Vorstellungskräfte sind zentrale Steuerungsinstrumente, die auch unsere Biografie, unsere Seele und letztlich auch unser Körperbewusstsein prägen.
- Auch der Körper trägt zu den Selbstprogrammen bei. Die chemischen, elektrischen und mechanischen Bausteine des Körpers werden von einer Art Software gesteuert, durch das Körper- bzw. Selbstbewusstsein, durch intuitive Prozesse, durch das Proto-Selbst, wie es Damasio nennt. Die Hardware dieses Körperprogramms sind die Gene, die aber durch die epigenetischen Prozesse an- bzw. abgeschaltet werden können.

Diese Selbstprogramme sind durch Mindcoaching veränderbar. Dabei handelt es sich primär um einen Prozess der unbewussten Neugestaltung. Hierunter fallen das Ändern der inneren Bilder, der Vorstellungen, auch der Emotionen und der Seelenkräfte und letztlich auch der Körperprozesse, z.B. durch Ernährung, durch Aktivierung der Körper- und Zellkommunikation, der Körper-Balance. Solche mentalen Prozesse können aber auch über unser Bewusstsein, z.B. durch Ziele und bewusste Lebensgestaltung, gesteuert werden.

Fallbeispiel

Immer gut drauf, selbstsicher

Klaus, 58, verheiratet, traf seinen Freund. Er fragte ihn: „Sag mal, warum bist du so fröhlich und kommst so selbstsicher daher – nicht nur heute morgen?" Klaus zögerte einen Augenblick und antwortete: „Das hat mit mir selbst zu tun. Ich tue etwas dafür. Wie bei meinem Auto der TÜV und die Pflege für den

Erhalt wichtig sind, so ist es auch bei mir. Ich lebe so und sage mir öfters: Mir geht es gut, ich mache mir keine Sorgen. Statt mich ständig darin zu verbeißen, was alles schlecht läuft und welche Probleme ich habe, versuche ich täglich die guten Seiten in mir und meinem Leben zu entdecken. Ich bin doch stark und selbstsicher. Ich pflege in mir das Gute, nehme mir Zeit auch für mich, liebe mein Leben und meine Familie, vermeide, wenn es eben geht, Stress und Druck. Um inneren Frieden zu halten und mich selbst besser zu entfalten, meditiere ich jeden Morgen, bevor ich aus dem Haus gehe. Mit Visualisierungen, mit aufbauenden inneren Bildern bringe ich mich in ein gutes Selbstgefühl. Das tut meinem Körper, meiner Stimmung und meiner geistigen Verfassung gut. Ich lege bewusst viel Wert auf mein emotionales und auch spirituelles Wohlergehen. Mit einer solchen Selbstpflege und bewussten Programmierung kann ich mich selbst stabilisieren.

Zu mir selbst finden – Gelegenheiten, abzuschalten

1. Atempausen suchen
2. Meinem Tag Struktur geben
3. Auf mein Gleichgewicht achten
4. Take a break at work
5. Mein tägliches Spirit-Programm
6. Sich Zeit für Körper und Geist gönnen
7. Nein sagen können
8. Balance von Nähe und Distanz
9. Ich gönne mir Zeit für mich

Strategieprogramm für mehr innere Stärke

Mit folgenden Strategien lassen sich die inneren Kräfte fördern:

1. Sein inneres Selbst bewahren, pflegen, entwickeln

Jeder gesunde Mensch kommt mit einem Energiepotential und einer Basisausstattung zur Welt. Dieses nennt Damasio das Proto-Selbst. Diese Grundausstattung, wie z.B. der Selbsterhaltungstrieb, bedarf jedoch der Weiterentwicklung. Das sieht man z.B. an Kindern, die sich selbst und ihr Umfeld erkennen wollen. Sie fallen, stehen auf, fallen und krabbeln sich wieder hoch, bis sie wieder stehen und gehen können. Das gehört zum Proto-Selbst. Oft wird aber diese Selbstbehauptung, diese innere Stärke, durch die übertriebene Fürsorge und Angst um das Kind blockiert. Wer früh die Erfahrung macht, dass man mit seinen Ideen, mit seiner Selbstbehauptung sich nicht durchsetzen kann oder gar bestraft wird, der traut sich nachher selbst nicht mehr viel zu. Der amerikanische Psychologe Martin Seligman spricht von einer „erlernten Hilflosigkeit". Wer sich öfters als hilflos, als unfähig erlebt, etwas zu erwirken, bei dem verkümmern die inneren Selbstkräfte, die innere Stärke.

2. Selbstbeobachtung und Selbstdisziplin

Um seine innere Stärke zu entwickeln, muss man sich selbst beobachten, aber auch durch Selbstdisziplin an sich arbeiten.

- Zuerst geht es darum, herauszufinden, wer man selbst in allem Getriebe ist, Respekt vor sich selbst zu gewinnen. Ist man mit sich selbst identisch, sagt man z.B. das, was man denkt, oder hält man sich an die Aussagen anderer?
- Man sollte nicht alles bewerten, was um einen herum geschieht. Lassen wir vieles so, wie es ist, vor allem das Negative. Wenn wir uns zu sehr auf das Schlechte konzentrie-

ren, entfalten wir die Stresshormone in uns. Wir fühlen uns schwach. Die Art zu denken und zu bedenken kann uns stärken bzw. schwächen. Das ist nicht immer einfach und erfordert auch Veränderungen. Wer innere Stärke bewahren bzw. aufbauen will, braucht Achtsamkeit, Selbstbeobachtung und Selbstdisziplin im Denken, in Körper- und Selbstpflege.

3. Mit sich selbst in Einklang bleiben und kommen

Immer mehr Menschen fehlt die Widerstandskraft in einer Zeit, in der alles in Bewegung ist, in der es keine Sicherheit gibt, wo das Vertrauen auf bessere Zeiten schwindet. Leben aus eigener Kraft bedeutet:

- Ich setze mir selbst Grenzen
- Dinge aus meinem Aufmerksamkeitsfokus ausblenden
- Bestimmen, wie ich leben will – auch durch Verzicht auf bisherige Ansprüche?
- Sich auf das Wesentliche konzentrieren
- Altes loslassen, um mich für anderes zu begeistern

Leben aus eigener Kraft bedeutet aber auch:

- Was gibt mir innere Kraft, um aus den bisherigen Lebensgleisen aussteigen zu können?
- Wofür lohnt es sich, nach einem Lebenseinbruch vorwärtszugehen?
- Was stärkt mich und macht mir Mut, Veränderungen anzugehen und durchzustehen?
- Was will mein wahres, inneres Selbst?

Vielen Menschen fehlt die Kraft zur Veränderung. Sie führen ein selbstwertloses Leben, haben zu wenig Zeit für sich, vernachlässigen Beziehungen, Partnerschaften und erkämpfen sich oft ihre Anerkennung durch viel Arbeit, Stress und Wohlstand. Doch wie es innen aussieht, geht niemand was an.

58

Oft zwingen Krankheit, Burnout, Lebensumbrüche, wie Trennung und Arbeitslosigkeit, zum Umdenken.

4. Die inneren Störfelder durch stärkende Selbstkräfte ausgleichen

Innere Stärke verlangt also,

- das Beste zu beobachten, das Stärkende, Aufbauende zu fördern und die inneren Sorgenstimmen zu überhören bzw. verhallen zu lassen,
- möglichst frei von Ängsten, Grübeleien, Missstimmungen zu bleiben bzw. positive Gegen-Emotionen zu programmieren, zu leben und zu pflegen.

Innere Stärke braucht das Gefühl innerer Unabhängigkeit. Sie ist abhängig von unseren Denkmustern und Empfindungen und den Lebensumständen. Dazu sagte der griechische Philosoph Epiktet:

„Verlange nicht, dass alles so geschieht, wie du es willst, sondern wolle, dass alles so geschieht, wie es geschieht, dann wirst du in Frieden leben."

Von den Widrigkeiten im Leben sagte Epiktet:

„Nimm sie als ein Abenteuer und nicht als Ärger. Verwandle ihn in Erfahrungen. Die Niederlagen? Mach ein Lied daraus!"

Innere Stärke wachsen lassen und entwickeln heißt auch, dass wir verhindern, nicht kraftlos zu werden und auszubrennen, dass Körper und Geist nicht streiken und unser Selbstbild nicht schwächelt bzw. unser Selbstwertgefühl sich nicht verschlechtert. Nur so verhindern wir Minderwertigkeitsgefühle und Fremdbestimmung.

5. Widerstandsfähigkeit stärken

Gerade in Krisensituationen entfalten sich bei manchen Menschen innere Stärken. Sie kämpfen mit Leidenschaft und Power. Sie wachsen bei auftretenden Herausforderungen oder gar Lebenseinbrüchen über sich hinaus, nehmen mutig Hürden. Eine solche starke, emotionale und mentale Widerstandskraft, auch Resilienz genannt, entwickeln Menschen aufgrund ihrer Lebenseinstellung, um Niederlagen wegzustecken, um neue Ziele zu realisieren, vielleicht auch aus einer Trotzhaltung (Vgl. Franz Decker, Weitergehen, Petersberg 23013). Solche resilienten Menschen können Einbrüche schneller loslassen und alle Kraft in das Weitergehen stecken. Diese Aufbruchmentalität lässt sich trainieren. Wir lernen aus vergangenen Erfahrungen und Wendepunkten. So lernt man auch, Stress und Lebenseinbrüche in neue, attraktive Lebensziele und Neuorientierungen umzuwandeln.

6. Statt Selbstsabotage Selbstachtung

Die Zahl der Menschen, die sich selbst überfordern, selbst sabotieren, wächst und führt letztlich zum psycho-mentalen und körperlichen Zusammenbruch. Das ist die Geschichte des Fußball-Erfolgstrainers Ralf Rangnick. Er galt als einer, der voller Energie war. Er setzte sich für seine beruflichen Ziele und Vorstellungen ein, koste es, was es wolle. Er ging selbst bis an sein Limit, war als perfektionistisch und radikal prinzipientreu bekannt. Viel Energie wandte er für Dinge auf, die für andere eine Kleinigkeit waren.

Doch plötzlich ging nichts mehr. Die Energie war verbraucht, Körper und Geist ausgepumpt, ausgebrannt. Innere Leere stellte sich ein.

So geht es vielen Menschen, die von einem Leistungsmodus besessen sind. So auch dem Sänger und Songwriter Peter Schilling

(Vgl. ders. Völlig losgelöst. Mein langer Weg zum Selbstwert, Weinheim 2013). Schilling beschreibt, wie sich ein von Kindesbeinen an entzogener Selbstwert auf sein späteres Leben auswirkte. Er wollte Erfolg haben, kämpfte um Anerkennung bis zum kometenhaften Aufstieg und schließlich zum tiefen Fall, zum Zusammenbruch.

Viele Menschen – wenn nicht alle – sabotieren, schädigen, powern sich energetisch selber aus, selbst wenn es andere nicht von ihnen verlangen. „Denn wir sind alle höchst sensibel, wenn es um unser Selbstwertgefühl geht." (Psychologie heute, Juli 2013, S. 3).

Viele Leistungserbringer fürchten sich davor, den Herausforderungen nicht gewachsen zu sein oder die hohen Erwartungen von Eltern, Partnern und von sich selbst nicht zu erfüllen. Selbstsabotage ist wie ein Feind in uns selbst, der uns antreibt, weil das innere Selbst nicht stark genug ist, der eigene Selbstwert nicht ausreicht. So hatte Peter Schilling jegliches positive Gefühl für sich selbst verloren. Ziel und Ausweg aus Burnout und Selbstsabotage ist es daher, wieder zu sich selbst zu finden, sein inneres Selbst zu stärken.

Leben ändern, eine Kehrtwendung machen

Ralf Rangnick berichtete: Es geht nicht, ohne ein paar grundlegende Dinge zu ändern. Dazu zählen der Umgang mit Ruhepausen, Bewegung, richtige Ernährung. Dazu gehören auch Selbstdisziplin, Lebens- und Zivilisationshygiene, wie z.B. nicht immer erreichbar zu sein und seine Ziele und Erwartungen umzustrukturieren, in Balance zu bringen.

Wichtig sind vor allem,

- die sabotierenden Kernüberzeugungen zu überwinden, wie „Ich bin nicht gut genug, ich schätze mich nicht, wie ich augenblicklich bin, meine Anerkennung kommt nur von außen."
- selbststärkende Kernüberzeugungen zu entwickeln, wie Selbstvertrauen, positives Selbstwertgefühl, innere Stärke, Mut und Zuversicht.

Für Peter Schilling liefen bei seiner Selbstentwicklung alle Spuren beim Selbstwert zusammen, bei dem Gefühl, „sich selbst etwas wert zu sein. Das ist der Code, das ist der Schlüssel für alles".

Zusammenfassung

Als Strategien für innere Stärke lassen sich zusammenfassend nennen:
- Sich die eigenen Stärken bewusstmachen, sich selbst beobachten und pflegen
- Den eigenen Selbstwert fördern, sich nicht von der Zustimmung anderer abhängig machen
- Ein Bewusstsein für eigene Schwächen entwickeln, um eigene Reizbarkeit und die Verletzung durch wunde Punkte zu vermeiden
- Achtsam mit Herausforderungen und anderen Menschen umgehen – nicht alles kann einem guttun
- In kritischen Situationen zuerst Ruhe bewahren – emotional zu reagieren, versperrt den Blick
- Sich mit Menschen, Denkweisen und Gefühlen umgeben, die Kraft spenden und aufbauen
- Selbstreflexion, Meditation, Bewegung, gute Gedanken und Visualisierungen können die innere Stärke fördern

- Sich selbst immer im positiven Lichte sehen, seine Stärken, aufbauenden Erfahrungen und Lebensereignisse wach halten, das mobilisiert unbewusste Stärken.

3. Selbstentwicklung für mehr Halt und Orientierung

Selbstentwicklung, d.h. innere geistig-seelische Wesensstärke, wird nicht nur zur zentralen Aufgabe eines jeden Menschen, um bei dieser dominanten Zuvielisation zu überleben, sondern auch um seine Gesundheit und Vitalität zu fördern. Viele modernen psychisch-somatischen und mentalen Erkrankungen, allen voran die Depression, hängen mit einer gestörten Ich-Selbst-Balance und dem gestörten Verhältnis von innerer und äußerer Wirklichkeit zusammen.

> „Der seelisch gesunde Mensch ist ein Mensch,
> der aus seiner Liebe, seiner Vernunft und seinem
> Glauben heraus lebt, der sein eigenes Leben und
> das seiner Mitmenschen achtet."
> Erich Fromm, Wege aus einer kranken Gesellschaft,
> München 2006, S. 175.

Auch C.G. Jung betont die harmonische Ausgeglichenheit des menschlichen Potenzials. Die positiven Seiten des eigenen Selbst zu fördern und die „Schattenseiten" des eigenen Ichs anzunehmen, auszuhalten und zu ändern ist ein Spagat, der uns allerdings hilft, auch innere Konflikte zu meistern. Selbst-Entwicklung gehört zur zentralen Lebensaufgabe.

Erkenne dich selbst

Die Selbsterkenntnis zu ergründen hat eine alte Tradition. Von Sokrates stammt der berühmte Wahlspruch „Erkenne dich selbst". Er hatte ihn jedoch nicht erfunden, sondern von der Inschrift des Apollon-Tempels in Delphi übernommen. Dort stand: „Erkenne dich selbst, und du wirst das Universum und die Götter kennen".

Die heutige Wissenschaft reduziert die Ziele der Selbsterkenntnis auf den Bereich der Persönlichkeitsentwicklung. Wenn wir uns selber besser kennenlernen, können wir auch unser Denken und unsere Emotionen besser beherrschen und gestalten sowie im Alltag besser zurechtkommen.

Die praktische Arbeit der Selbsterforschung kann durch folgende Fragen erfolgen:

- Wer bin ich?
- Was denke und fühle ich?
- Was motiviert mich?
- Warum verhalte ich mich auf diese Weise?
- Warum habe ich eine Abneigung gegen bestimmte Menschen?

So können wir unsere Stärken, aber auch Schwächen besser kennenlernen. Stärken können wir dann besser nutzen, Schwächen eventuell abstellen.

Nach Damasio entsteht ein bewusster Geist, „wenn zu grundlegenden geistigen Vorgängen ein Selbstprozess hinzukommt" (in: Selbst ist der Mensch, München 2011, S. 19). Auch das Selbstkonzept und damit unsere innere Stärke sind wesentlich von unserer eigenen Wachsamkeit und Gestaltungskraft beeinflusst.

3.1 Selbstentwicklung als zentrale Lebensaufgabe

Sich selbst, sein inneres, geistig-seelisches Wesen, seinen eigenen Charakter, seine Persönlichkeit zu entwickeln, beschäftigte die großen Denker:

> „Die Entwicklung aller Keime, die in den individuellen Anlagen eines Menschenlebens liegen, halte ich für den wahren Zweck des irdischen Daseins, nicht gerade das Glück."
> W. von Humboldt, Briefe an eine Freundin, 2. Abt., 34. Br., Tegel, 26.6.1832

> „Schüttle alles ab, was dich in deiner Entwicklung hemmt, und wenn's auch ein Mensch wäre, der dich liebt, denn was dich vernichtet, kann keinen anderen fördern."
> Hebbel, Tagebücher, Rom 21.2.1845

> „Gib der Welt, auf der du wirkst, die Richtung zum Guten, so wird der ruhige Rhythmus der Zeit die Entwicklung bringen."
> Schiller, Kleine prosaische Schriften: Ästhetische Erziehung, 9. Brief.

Schritte zur Selbstentwicklung sind:
- sich selbst besser kennenlernen,
- an sich selbst arbeiten, sich weiterentwickeln,
- sein Ziel verfolgen

„Wer sein Ziel kennt, findet den Weg."
Laotse

„Es ist erstaunlich, was du erreichen kannst, wenn du etwas findest, woran du glaubst."
Marion Jones, Olympiasiegerin

„Was hülfe es dem Menschen, wenn er die ganze Welt gewinnen würde und nähme an seiner Seele Schaden?"
Markus 8,36

Sich selbst besser kennenlernen

Selbsterkenntnis ist ein schwieriger Prozess. Viele Menschen haben Angst, in ihr Inneres zu schauen. Sie versuchen, die Angst vor der Leere durch Aktivität nach außen zu überwinden. Besser wäre jedoch eine Gedankenstille. So lautet ein erstes Ziel in den östlichen Meditationsformen, den papanca – den plappernden Affengeist – zum Schweigen zu bringen. Eine solche Entleerung von Gedanken kann auch von Sorgen und Ängsten befreien und die tragenden Kräfte in uns zur Entfaltung bringen.

Um mit den Anforderungen, Anreizen und Gegebenheiten des Lebens besser fertig zu werden, brauchen wir ein starkes Selbst, das von jedem entwickelt werden muss. Selbstentwicklung gehört zu den zentralen Lebensaufgaben eines jeden Menschen. Sie bedeutet nicht die Förderung von Egoismus und Selbstbespiegelung, sondern die Entwicklung des persönlichen Fähigkeitspotenzials, des geistig-seelischen Wesenskerns. In der Bedürfnis-Pyramide von A. Maslow steht diese Selbstentwicklung an „oberster Stelle".

Durch das heutige außengeleitete Leben vieler Menschen werden die inneren Selbstpotenziale oft nicht mehr wahrgenommen, geschweige denn weiterentwickelt. Es entsteht bei modernen Zivilisationsmenschen oft eine Disharmonie zwischen dem eigenen inneren Ich-Selbst, den Bedürfnissen, Wünschen, Fähigkeiten, dem Charakter einerseits und den Anforderungen, Bedeutungen, Herausforderungen, Möglichkeiten und Beziehungen des Lebens. Die Defizite in unserem Wesenskern verhindern eine Balance mit den Umwelt-Lebensbedingungen.

Halt im Leben kommt primär von meiner inneren Stärke, von meinem Selbstvertrauen, meinen eigenen Fähigkeiten, Denkmustern. Wenn ich weiß, wer ich bin, was ich kann und will, bin ich stark, habe Halt in den Wirren des Lebens.

Zusammenfassend lässt sich sagen:

Aufgabe eines jeden Menschen ist es,
- seine innere Wirklichkeit, sein Ich-Selbst-Bewusstsein zu schützen und zu pflegen,
- Strategien für die Bewältigung der äußeren Lebenswirklichkeit zu entwickeln
- Und so eine Balance zwischen Innen und Außen zu fördern.

Übung: Meine persönliche Lebensperspektive

Formulieren Sie Ihre persönliche Perspektive zu folgenden Fragen:

1. Welches Bild habe ich von mir?
2. Wo erlebe ich mich energievoll und aktiv?

3. Wo lohnt es sich für mich, dass ich mich weiterentwickle, vorwärtsbewege?
4. Welches sind meine Stärken?
5. Was sind Schwächen von mir? Welche möchte ich ändern?
6. Wie denke ich? Bin ich eher optimistisch, misstrauisch?
7. Was möchte ich in meinem Denken und Leben ändern?

3.2 Halt durch bewusstes Denken

Wir können unsere Ressourcen und Kräfte mobilisieren, um unser Leben besser, glücklicher zu gestalten. Wir sollten uns viel mehr freuen, statt zu grübeln. Kinder lachen laut Statistik täglich 400-mal, Erwachsene nur noch 17-mal. Vieles können wir ändern, indem wir anders leben, unsere innere Einstellung und Blickrichtung ändern.

Ein Beispiel dafür, wie entscheidend die innere Blickrichtung ist, zeigt der Straßenkehrer Beppo in Michael Endes Roman Momo, der sich gedanklich positiv programmierte. Dazu seine Worte an Momo:

„Siehst du, Momo", sagte er dann zum Beispiel, „es ist so: Manchmal hat man eine sehr lange Straße vor sich. Man denkt, die ist so schrecklich lang; das kann man niemals schaffen, denkt man." Er dachte einige Zeit nach. Dann sprach er weiter: „Man darf nie an die ganze Straße auf einmal denken, verstehst du? Man muss nur an den nächsten Schritt denken, an den nächsten Atemzug, an den nächsten Besenstrich. Und immer wieder nur an den nächsten." Wieder hielt er inne und überlegte, ehe er hinzufügte: „Dann macht es Freude; das ist wichtig, dann macht man seine Sache gut. Und so soll es sein."
Und abermals nach einer langen Pause fuhr er fort: „Auf ein-

mal merkt man, dass man Schritt für Schritt die ganze Straße gemacht hat. Man hat gar nicht gemerkt wie, und man ist nicht außer Puste." Er nickte vor sich hin und sagte abschließend: „Das ist wichtig."

Wir besitzen durch unser Denken, unsere Gedanken, unseren Geist eine große Kraft, die wir nur nutzen müssen. Innere Bilder, unsere Vorstellung für die Selbstgestaltung, für den Weg in ein besseres Leben helfen uns dabei. Mithilfe dieser mentalen Programmierung können wir die Selbststärkungskräfte mobilisieren und die Welt in uns und um uns herum verändern. Diese geistig-markanten Kräfte nutzen wir heute leider oft nur für die negative Programmierung. Viele Menschen sind noch gefangen in dem Denken, dass sie ihrem Schicksal, ihrer Natur ausgeliefert sind. Doch wir haben die Kraft, uns selbst weiterzuentwickeln, auch Krisenzeiten, Leid und Krankheiten zu regulieren oder gar zu überwinden.

Antoine de Saint-Exupéry macht uns Mut, Schwierigkeiten zu transformieren und daran zu wachsen:

> **„Bewahre uns vor dem naiven Glauben,**
> **es müsste im Leben alles glatt gehen.**
> **Schenke uns die nüchterne Erkenntnis, dass**
> **Schwierigkeiten, Niederlagen, Misserfolge,**
> **Rückschläge eine selbstverständliche Zugabe zum**
> **Leben sind, durch die wir wachsen und reifen."**

3.3 Halt durch Zielvorstellungen

Sich selbst den nötigen Halt geben, indem wir Kraft aus persönlichen und sachlichen Zielen schöpfen, ist eine wichtige Lebensaufgabe. Manchmal befinden sich meine persönliche Entwicklung und meine Lebensweise in einer Sackgasse. Alles ist zur Gewohnheit geworden, oder ein Bruch im Leben verlangt nach einem neuen Lebensablauf, nach Neuorientierung (Text Saint-Exupéry).

Dann wird es notwendig, mal was Neues auszuprobieren, sich neue Ziele zu setzen, z.B. ein anderes Hobby, neue Menschen kennenzulernen, sich geistig weiterzuentwickeln, sich neue Gewohnheiten anzueignen. Vielleicht findet man auch Halt in der Religion, im Glauben. Wir ahnen zu wenig, wie viel Kraft zur Neuorientierung wir haben.

Entwickeln wir deshalb eine Vision von einem neuen Ziel. Eine solche Zielvision, wie z.B. sich regelmäßig entspannen, täglich sich bewegen, lässt sich aber nur erfüllen, wenn wir sie ganz fest in unserer Vorstellung, in unserem Denken verankern, wenn wir uns ständig an diese Aufgabe erinnern, uns innere Bilder dazu vorstellen.

Eine solche Zielgestaltung erfordert Energie. Man muss daran arbeiten, dass ein Zielbewusstsein entsteht, damit wir das Ziel erreichen und es uns mit Freude und Genugtuung erfüllt. Wir können dann stolz auf das Erreichte sein.

Aus solchen Zielerfolgen können wir dann Kraft und Stärke für andere Lebensaufgaben ziehen. Wichtig ist nur, dass wir das Ziel nicht zu niedrig ansetzen, sondern so, dass wir uns anstrengen müssen. Es darf aber auch nicht zu hoch gesteckt sein, so dass wir es nicht erreichen können.

Viele Menschen, wie z.B. Hermann Gmeiner, der Gründer der SOS-Kinderdörfer, oder Albert Schweitzer mit seinem Urwald-hospital oder Mutter Theresa mit ihrer Armenhilfe in Kalkutta, aber auch viele Kranke, welche die Hoffnung nicht aufgaben, an sich glaubten, haben dank eines großen Zieles, einer Vision, vieles erreicht.

Solche inneren Kräfte helfen, dass wir uns nicht von unserer Zielvision, vom Weg abbringen lassen, selbst wenn es Schwie-rigkeiten gibt.

3.4 Selbstkompetenz ist notwendig

Um Kränkungen, Herausforderungen standhalten zu können und Ziele zu erreichen, brauchen wir Selbststärke, Selbstkom-petenz. Wir müssen in kritischen Situationen, bei Lebenskrisen wie Krankheit, Trennung, neuen Lebensabschnitten wie Wech-seljahre, Älterwerden immer zuerst an unsere persönliche Ent-wicklung denken. Notwendig ist, primär die Verantwortung für uns selbst zu übernehmen. Diese dürfen wir nicht auf andere schieben, auf Ärzte, Politiker , auf Institutionen oder den Zeit-geist.

Die Selbststärkungskräfte, die Selbstkompetenz, entsteht durch klare, weiterführende Gedanken. Wir sollten aber auch darauf achten, dass wir uns vitalstoffreich ernähren, sowohl körper-lich wie geistig-seelisch. Gönnen wir unserem Körper, unserem Geist und unserer Seele nur das Beste, pflegen wir unsere Vita-lität und Gesundheit und ein sinnvolles Leben.

Schon die alten Griechen stellten hohe Ansprüche an Körper, Geist und Seele. Sie erfanden die olympischen Spiele, weil sie Bewegung fördern wollten. Auch die alten Philosophen geben uns bis heute Anregungen für Lebenskunst:

> **„Weise Lebensführung gelingt keinem Menschen durch Zufall. Man muss, solange man lebt, lernen, wie man leben soll – lerne zu leben und zu sterben, du wirst eine erhabene Ruhe allen irdischen Dingen gegenüber gewinnen."**
> **Seneca**

Wir müssen also ständig danach streben, unsere eigenen Kräfte und Energien zu pflegen, zu stärken und zu nutzen, unsere Erfahrungen und Erkenntnisse zu fördern. Antoine de Saint-Exupéry drückt das wie folgt aus:

> **„Mache uns findig und erfinderisch, um im täglichen Vielerlei und Allerlei rechtzeitig unsere Erkenntnisse und Erfahrungen zu notieren, von denen wir betroffen sind."**

Selbstkompetenz durch Ich-Selbst-Stärke

Seine eigenen Fähigkeiten, Potenziale und Energie zu fördern stärkt die Selbstkompetenz. Wir brauchen, um das Leben zu meistern und innerlich stark zu sein, ein geistiges, seelisches und soziales Fundament. Was gibt Halt? Was sind die Quellen?

Bedeutsam sein als innere Stärke

Der amerikanische Philosoph und Pädagoge John Dewey sagte:

> **„Der stärkste Trieb in der menschlichen Natur ist
> der Wunsch, bedeutend zu sein."**

Was meint Dewey damit? Er fand, jeder Mensch müsse das Gefühl haben, wichtig zu sein. Menschen sehnten sich nach dem Gefühl, ihren Platz in der Welt zu haben, dort, wo sie ihrer Aufgabe nachgehen können. Jeder Mensch will auch heute das Gefühl finden, wichtig und geborgen zu sein, in sich selbst, bei anderen und auch bei Gott.

Folgende Persönlichkeitsmerkmale können für das Gefühl der Bedeutsamkeit verantwortlich sein (Siehe Übersicht). Wenn es uns gelingt, die Persönlichkeitsmerkmale in unser Leben zu integrieren, stärken wir unsere Selbstkompetenz und sind nicht auf Anerkennung und Bestätigung von außen angewiesen.

> **„Erfolgreiche Menschen verfügen gewöhnlich
> über enorme Energiereserven, weil sie sich selbst
> bestätigen können und keinerlei Anerkennung von
> außen brauchen."**
> **Woody Woodward, der Ich-Code, München 2012, S. 12**

Die sieben Persönlichkeitsmerkmale, die für das Gefühl der Bedeutsamkeit verantwortlich sein können:

1. Selbstbewusst sein
• Sich frei und unabhängig fühlen
• Hindernisse überwinden

- An eigenen Lebenszielen arbeiten
- Sich attraktiv fühlen

2. Beziehungen lieben
- Partner-, Fremdbeziehungen pflegen
- Sich um Familienbande kümmern
- Sich um andere Menschen kümmern
- Ich- und Du-Balance

3. Sich kümmern, Problemlöser sein
- Mit Hier und Jetzt verbunden sein
- Seine Fähigkeiten einsetzen
- Etwas für seine Gesundheit tun
- Seinen eigenen Grundsätzen treu sein

4. Mit anderen in Beziehung stehen
- Respektiert und anerkannt werden
- Etwas gelten
- Gebraucht werden
- Gefühl von Sicherheit haben

5. In sich ruhend
- Sich selbstsicher fühlen
- Ausgeglichen, gelassen, entspannt sein
- Sich verbunden fühlen mit Gott und der Welt
- Menschen vertrauen, dankbar sein

6. Innere Sicherheit haben
- Gefühl von innerer Sicherheit haben
- Selbstbestimmen im Denken und Leben
- Erfahrene Widerstandskräfte und Zuversicht entwickeln
- Nach vorne schauen, optimistisch sein
- Ein positiv denkender Mensch sein

7. Anpacker sein

- Aktiv sein Leben meistern, statt Zeit zu vergeuden
- Eigene Ziele erreichen wollen, mutig sein
- Fürsorglich sein
- Statt jammern, anpacken

Mit solchen Persönlichkeitseigenschaften besitzen wir viele geistig-seelischen Reserven, um im Leben zu bestehen, um aus schwierigen Situationen herauszukommen bzw. Entscheidungen zu treffen, die unsere Situation zumindest teilweise verbessern bzw. etwas Positives daraus machen.

Daraus lassen sich folgende acht Quellen der Selbststärkung entwickeln:

Quellen für ein starkes Selbst

1. Freude suchen und weitergeben

2. Lerne das ganze Leben
   Meide die Gefahr, innerlich leer zu werden.
   „Wenn du nämlich mit dir selbst schlecht umgehst, wem bist du dann gut?" (Bernhard von Clairvaux)

3. Liebe als Energiequelle fördern
   Nur wer sich selbst liebt, kann auch andere und Gott lieben.

4. Sich an der Natur freuen,
   z.B. an natürliche Ernährung, frischer Luft, Sonne, Kräuter, Wald u.a.

5. Ordnung trägt und stärkt uns
   Den Tag strukturieren, innere und äußere Ordnung im eigenen Leben, Arbeits- und Freiräume in der Balance halten.

6. Spiritualität pflegen, an Gott glauben

7. Ja sagen zum Leben und seiner eigenen Entwicklung
„Ich habe in meinem Leben viel von Elend gehört, aber das meiste ist nie eingetreten." (Mark Twain)

8. Für Neues offen sein
„Es muss das Herz bei jedem Lebensrufe bereit zum Abschied sein und Neubeginne, um sich in Tapferkeit und ohne Trauern in andere, neue Bindungen zu geben, und jedem Anfang wohnt ein Zauber inne, der uns beschützt und der uns hilft zu leben." (Hermann Hesse)

3.5 Selbstbewusst und mutig seinen Weg gehen

„Verbringe die Zeit nicht mit der Suche nach einem Hindernis.
Vielleicht ist keines da."
Franz Kafka

Kommt Ihnen das bekannt vor?
- Ich gebe schnell kleinlaut bei.
- Ich traue mir selbst nicht viel zu.
- Ich vermeide es, Schwäche zu zeigen.
- Ich bin nicht so gut.

Oder sind Sie eher ein solcher Mensch?
- Ich bin stolz auf mich.
- Ich sehe mich gern im Spiegel.
- Ich traue mich auch, mal was Neues auszuprobieren.
- Ich bin okay, auch wenn es manchmal nicht so toll läuft.

Die beiden Menschen unterscheiden sich in einer zentralen Art und Weise: in ihrem Selbstwertgefühl, ihrem Selbstbewusstsein. Wichtig ist es, selbstbewusst und mutig seinen Weg zu gehen.

Was bedeutet selbstbewusst sein?
Es gilt zuerst einmal eine persönliche Meinung zu haben, eine Vorstellung vom eigenen Ich. Das ist der Schlüssel für ein selbstbestimmtes, stabiles Leben.

Dieser Selbstwert wird durch eine Vielzahl von Faktoren geprägt:
- von den daraus entstandenen bzw. entwickelten Glaubenssätzen, Einstellungen, Überzeugungen, die unser persönliches Selbstbewusstsein prägen
- Hinzu kommen die Lebenserfahrungen, die Chancen, Krisen und Herausforderungen des Lebens, die uns prägen, die unseren Selbstwert entweder positiv oder negativ beeinflusst haben.
- Das Selbstbewusstsein wird wesentlich durch unser Umfeld, die sozialen Beziehungen, die Bindungsqualität, das Unterstützungs- und Fördersystem wie Lob, Anerkennung bzw. Kritik geprägt.
- Von großer Bedeutung für die Entwicklung des Selbstwertgefühls ist die Fähigkeit der mentalen Regulation, wie ich meinen Selbstwert stärke, entwickle, wie ich z.B. mit Krisen, Herabsetzungen, mit Kritik umgehe, wie ich immer wieder mutig aufstehe, wie ich mich am eigenen Schopf aus dem Sumpf ziehe, wie ich die inneren Widerstands- und Motivationskräfte, die mentale Kompetenz nutze, um mich wieder aufzurichten. Es ist die Fähigkeit, trotz widriger Umstände, trotz Niederlagen, Kümmernissen und Krankheiten sich immer wieder zu fangen und neuen Mut und Energie zu entwickeln (MindBodyLife Coaching). Zu solchen Grundhal-

tungen bzw. geistigen Fähigkeiten gehören z.B. Optimismus, Lösungsorientierung, Stehaufmentalität und die Fähigkeit des mentalen Coachings (Resilienzfaktoren).

Unsere Gedanken und inneren Bilder erschaffen neues Leben, ein neues Selbst. Wissenschaftler belegen: Mit der Kraft innerer Bilder, Gedanken und mentaler Programmierung können wir unser Leben, unser Verhalten, unsere Lebensweise, unser Selbst verändern, gesünder leben und sogar Störungen an Körper, Geist und Seele beheben. Wer im Kopf innere Bilder erzeugt, kann damit sich selbst weiterentwickeln, verändern. Mit Entspannung und Visualisierung wird in unserem Unbewussten Energie mobilisiert, um so Denken, Verhalten und Handeln zu verändern. Die „Einbildungskraft" hat Einfluss auf unseren Körper, unser Wohlbefinden, unsere Gesundheit. Es ist die Kraft der Autosuggestion, der Imagination und mentalen Programmierung. „Alles beginnt im Kopf". „Die Macht der inneren Bilder kann so groß sein, dass sogar Krebszellen verschwinden" (PM-Magazin 08., 2012, S. 36).

3.6 Selbstbewusste Menschen leben besser

Ein positives Selbstwertgefühl, das einem Selbstvertrauen, Selbstsicherheit, Standhaftigkeit und innere Stärke gibt, gilt als ein Grundbedürfnis des Menschen. Es ist wichtig für unser Wohlbefinden. Deshalb sollte man sich von kleinmachenden Vorstellungen lösen. Jeder Mensch, der sich seiner selbst bewusst ist und selbstbewusst damit umgeht, kann sich weiterentwickeln. Ein selbstsicherer Mensch, der in sich ruht, strahlt auch nach außen und wirkt sympathisch und echt. Wichtig ist allerdings nicht, ein möglichst hohes Selbstwertgefühl zu erreichen, sondern ein stabiles auf einem guten Level. Wünschenswert ist also eine stabile Selbstakzeptanz. Man darf sich nicht von äußeren Ereignissen, Krisen, Herausforderungen oder gar Krankheiten erschüttern lassen. Die Selbstbewertung kann aber auch Schwächen und Fehler zulassen, wie z.B. bei Kündigung einer Arbeitsstelle. Doch sollte so eine Krise das Fundament des Selbstwerts nicht ständig ins Wanken bringen. Da helfen z.B. Glaubenssätze wie: „Es gibt immer einen Weg" oder „Ich bin okay und bekomme das schon wieder hin".

3.6.1 Das Selbstwertgefühl entfalten, stärken

Grundsätzlich ist das möglich. Es gibt zwei Möglichkeiten:
- Sich von kleinmachenden Vorstellungen und störenden Denkmustern und Gewohnheiten zu befreien
- Seinen persönlichen Selbstwert ständig zu überprüfen, weiter zu entwickeln und zu stärken, z.B. durch Mentaltraining, durch persönliches Mind-Coaching

Es ist ganz normal, dass sich das Selbstwertgefühl im Laufe des Lebens verändert und entwickelt, z.B. in einschneidenden Entwicklungsphasen, bei körperlichen Veränderungen, bei Trennung vom Partner und bei Krankheit.

Selbstbewusstsein ist lernbar. Störende Glaubenssätze und bedrückende Lebenssituationen können umgedeutet und korrigiert werden. Die geistig-mentalen Kräfte und ihr Training können helfen, neue Vorstellungen, Einstellungen, Überzeugungen zu entwickeln, Bilder von uns, die es möglich machen, positive Bewertungen und Verhaltensweisen zur Entfaltung zu bringen. Der Kampf gegen Abwertungen und Kränkungen und für ein positives Selbstbild kostet allerdings Energie und verlangt Training und Ausdauer. Mit Mentalcoaching ist dies jedoch möglich (Vgl. Franz Decker, Erfolgreich sein Leben meistern, Petersberg 2003).

Denk- und Verhaltensmuster, die ich fest in mir programmiert habe, können helfen, immer wieder in die Selbstwert-Balance zu kommen. Beispiele dafür sind:

- Ich bin okay.
- Ich habe bisher schon vieles geschafft.
- Ich habe Kraft, mich weiter zu entwickeln.
- Ich schaffe alles, Schritt für Schritt.

Innere Bilder und Vorstellungen helfen, den Lernprozess in Gang zu bringen. Sie sind Motivation für Veränderungen und helfen, Nervenschaltungen im Gehirn zu stabilisieren und auszubauen.

„Wer, egal in welchem Lebensabschnitt und gleichgültig, in welchem Lebensalter, sein Gehirn fordert, neue Denkweisen und folglich Verhaltensweisen erarbeitet, erzeugt neue Hirnzellen, also Verschaltungen, die das Denkvermögen steigern". (Julia Umek, Selbstbewusst, Freiburg 2008, S. 33)

Solche inneren Bilder, mentalen Programme, können dazu beitragen, immer wieder Neues zu denken, zu fühlen und neue Wege zu gehen. Sie führen zu mehr Bewusstheit, zu Halt und Orientierung, dazu, dass ein glückliches und stabiles Leben gelingt.

Innere Bilder, bildhafte Vorstellungen und Gedanken besitzen eine ungeheure Kraft. Es liegt an uns, diese zu unserem Nutzen oder Schaden einzusetzen. Mit dieser Kraft können wir erdrückende Lebenssituationen, Kränkungen, Lebensschicksale überwinden, Gesundheit stärken und uns immer wieder umstellen, verändern.

Im Leben kommt es nicht immer darauf an, gute Karten zu haben, sondern auch mit schlechten Karten gut zu spielen, das Beste aus dem Spiel des Lebens zu machen.

> **„Wer kämpft, kann verlieren, wer nicht kämpft, hat schon verloren."**
>
> **Bertolt Brecht**

3.6.2 Übungsprogramme:

Selbstbewusst leben ist lernbar.

Mut und Selbstbewusstsein

Es gehört viel Mut dazu, konsequent das zu essen, was man sich vorgenommen hat. Besucht man ein Restaurant, ist es manchmal schwer, Sonderwünsche zu äußern, z.B. die Pommes vom Menü abzubestellen und dafür Gemüse zu verlangen. Oft wird man auch gehänselt wegen der „sonderbaren" Essweise.

Mut gehört auch dazu, etwas Gesundes zu essen, wenn einen die ehemalige Lieblingsspeise anlacht.

Je selbstbewusster Sie sind, desto besser können Sie sich durchsetzen und das tun bzw. essen, was Sie sich vorgenommen haben. Je öfter Sie selbstbewusst Ihren Weg gegenüber anderen vertreten haben und je öfter Sie Gesundes im Lokal verlangt haben, desto stärker, mutiger, selbstbestimmter werden Sie.

Selbstbewusstsein und mutig sein kann man lernen, trainieren. Zuerst geht es darum, zu erkunden, wie Sie sich selber sehen und wie Sie sich selbst einschätzen.

Mein Selbstbild erkunden und stärken

Mein Selbstbild ist

- die Art und Weise, wie ich mich sehe – das bezieht sich auf Körper, Geist, Seele, Charakter und Verhalten

- nichts anderes als eine vorgefasste Meinung, die wir von uns selber haben, die unser Selbstbewusstsein prägt.

Wenn wir unser Selbstbild verbessern, steigt automatisch auch unser Selbstbewusstsein.

Selbstbewusstsein stärken

Selbstbewusstsein

- ist die Maßeinheit dafür, wie sehr Sie sich selbst schätzen und mögen,
- ist situationsabhängig, z.B. zuhause ein hohes, und bei der Arbeit ein geringes Selbstbewusstsein,
- hat starken Einfluss auf Denken und Verhalten,
- lässt sich an der Stimme, am Gang, Gesichtsausdruck, an Mut, Entschlossenheit erkennen.

Übung

Was mag ich an mir?	Was mag ich nicht an mir?
•	•
•	•
•	•
•	•
•	•
•	•
•	•
•	•
Hohes Selbstwertgefühl	Niedriges Selbstwertgefühl

Fragebogen zur positiven Selbsteinschätzung

Schreiben Sie auf das folgende Blatt Ihre Fähigkeiten, Aufgaben und Leistungen während Ihres bisherigen Lebens auf. Was haben Sie bisher alles schon gelernt, erreicht? Singen Sie ruhig eimal ein Loblied auf sich selbst.

Suchen Sie Beispiele und schreiben Sie diese nieder.

Meine Fähigkeiten:

Meine Aufgaben:

Meine Leistungen:

Grundsätze für die Arbeit am selbstbewussten Leben

1. Wer bin ich? Sich zuerst selber besser kennen lernen.
2. Was sind meine positiven Seiten im Leben, was meine Schwächen? Welche Schwächen möchte ich beibehalten? Welche positiven Seiten möchte ich verstärken?
3. Lernen Sie sich zu akzeptieren. Eigenlob stinkt nicht. Nehmen Sie sich als eigenständiger Mensch an, wie Sie sind.
4. Machen Sie sich Ihre wichtigsten Ziele bewusst, ohne sich zu überfordern oder sich zu viele bzw. zu hohe Ziele zu setzen. Stellen Sie sich Ihre Ziele, eins nach dem anderen, bildhaft vor.
5. Lernen Sie, nein zu sagen, wenn es nicht Ihren Erwartungen und Zielen entspricht, wenn Sie keine Lust, Kraft und Zeit haben.
6. Gehen Sie auf andere zu. Pflegen Sie Beziehungen. Sind Sie verbindlich und zuverlässig. Andere Menschen halten Ihnen den Spiegel vor und geben Halt und Unterstützung.

Affirmationen zur Stärkung und Veränderung meines Selbstbewusstseins

Eine Affirmation
- ist eine mit großem Nachdruck ausgesprochene positive Aussage, eine Selbstbeeinflussungsformel.
- kann helfen, unsere Überzeugungen zu stärken, zu verändern und unser Selbstbewusstsein zu stärken.

Beispiele:
Ich erreiche alles, was ich will!
Ich bin eine starke Frau!

Affirmation bilden

Formulieren Sie zwei für Sie passende kurze Affirmationen, schreiben Sie diese im Folgenden auf und sprechen Sie diese laut vor sich hin. Wie klingt Ihre Stimme, sicher oder überzeugend? Passt die Affirmation auch emotional?

Beispiel 1 für meine Affirmation:

Beispiel 2 für meine Affirmation:

Übung:

Nennen Sie Beispiele aus dem Alltag, wo Sie selbstbewusst in Ernährungsfragen den „Versuchungen" widerstehen und mutig Ihr gesundes Essen fördern.

Situationen, die Mut verlangen, der Versuchung zu widerstehen	Wie sagen Sie es? Formulieren Sie Ihre Ziele.
1.	
2.	
3.	

3.7 Wege zu einem starken Selbst im Leben – Übungsprogramm

Es gibt viele Wege, die Mitte zwischen einem starken Selbst und dem äußeren Leben zu finden. Ein erster Grundsatz könnte lauten:

1. Freundschaft mit sich selbst und dem Leben schließen

Es geht darum, Ja zum Leben und Ja zu sich selbst zu sagen, für sich selbst in der Hektik des Alltags eine Freizone zu finden und so eine Partnerschaft bzw. Freundschaft mit dem Tagesgeschäft des Lebens.

Früher war alles durch Konvention, die Tradition fest geregelt. Heute ist es jedem selbst überlassen, Lebens- und Ich-Entwicklung, Leben und Zusammenleben so zu gestalten, dass auch Zeit für sich selbst, für Erholung, Entspannung und Selbstentwicklung bleibt. Der Umgang mit sich selbst kommt oft im Getriebe zu kurz.

Immer mehr Menschen brennen aus, weil sie ihre eigene Mitte mit Äußerem zuschütten. Folgende Wege können helfen, Freundschaft mit dem Leben und sich selbst zu schließen:

• **Sich Besinnungspausen suchen. Dazu folgende Betrachtung:**
  Suchen Sie sich einen Ort, wo Sie sich ungestört und entspannt hinsetzen können. Vielleicht treffen Sie auch einen erfahrenen Menschen, mit dem Sie sich austauschen, damit Sie von neuen Ideen erfasst werden und eine festgefahrene Meinung aufbricht. Vielleicht gehen Sie auch in den Wald zu einem Zwiegespräch mit der Natur.

- **Work-out-Zeiten gewinnen**
  z.B. durch Tagträumen, Meditationen, den Sonntag sinnvoll gestalten

- **Freundschaften pflegen**
  z.B. durch ein freundliches Gespräch, durch eine Café-time, durch Hilfe

- **Sich selbst loben**
  seine eigenen Stärken anerkennen

- **Seinen Körper verwöhnen, pflegen**
  sich mit seinen angenehmen wie unangenehmen Seiten (z.B. Unwohlsein, Schmerzen, Krankheit) anfreunden

- **sich mit den eigenen Gefühlen,**
  Freuden, Ängsten, Vorstellungen von Glück und Leben anfreunden

- **Ein Netz tragfähiger Beziehungen**
  Gerade in einer Zeit wie heute, die durch Zeitmangel, Mobilität und Kommunikation geprägt wird, ist es wichtig, Freundschaften zu pflegen, sich eine innere Heimat zu bewahren. Wir brauchen ein gemütliches Zuhause, einen Ort der Geborgenheit, Rituale, wie z.B. das Beten.

2. Abstand zum Getriebe des Alltags

Um zu sich selbst zu kommen, seine inneren Energien anzuzapfen, Halt und Orientierung aus sich selbst zu finden, sollten Sie zuerst einmal Abstand zum Getriebe des Alltags suchen. Dabei können folgende Übungen helfen:

- **Prioritäten setzen. Nur das Wichtigste tun**
  Wir brauchen ein großes Ziel im Leben, was allem anderen

Sinn gibt. Fragen wir uns deshalb: Tut mir das gut, ist das für mich wichtig, was ich gerade tue, denke, fühle? Bleibe ich dadurch länger fit und gesund? Gehe ich mit mir liebevoll um?

- **Fernseh- und Informations-Hygiene**

- **Tagträume**
  Ich mache mir schöne Bilder von mir, aus meinem Leben, um mich zu freuen, zu erbauen, um schlechte Stimmung auszublenden.

- **An einen Zufluchtsort gehen,**
  um mich zu entspannen, wohlzufühlen, meine innere Mitte zu finden, z.B. in der Natur, in meiner Wohnung, in einem gestalteten Bild, in der Vorstellung.

- **Beten**
  z.B. im Alltag, an einem Bild, in einer Kirche. Beten kann zum Ritual werden.

- **Meditieren**
  Meditieren bedeutet im Kern: Alltagsarbeit, Gedanken abschalten, zur Ruhe kommen, sich zu etwas Sinnvollem, zu einem „Gnadenbild" hinwenden. Viele Menschen könnten so gut drauf sein, wenn sie nicht die vielen – oft negativen – Gedanken und Vorstellungen davon abhalten würden. Sorgen aus der Vergangenheit und zukünftige quälen uns. So verpassen wir das gute Leben. Die meisten Sorgen waren ja unnötig.
  Da hilft Meditation, einfach nichts tun, Gedanken unbeachtet von dannen ziehen lassen, auf seinen eigenen Atem achten und sich zu Gott hinwenden.

- **Sich selbst bestärken, „Affirmationen vorsagen,"**
  z.B. „Ich bin entspannt und unbeschwert."
  „Draußen ist alles hektisch, in mir ist es still."
  „Ich ruhe in mir."

3. Den Alltag mit anderen Augen sehen

Folgende Übungen können mir guttun, mein Selbst stärken, mein Wohlbefinden pflegen:

- **Das Vergangene hinter mir lassen**
  Wir sollten Abschied nehmen von vergangenem Leid, Schmerz, Unglück. Heute sind wir weiter. Die Erfahrung der Vergangenheit hat uns meist gestärkt, lässt uns besser leben. „Man muss krank sein, um alt zu werden", sagte der Philosoph Karl Jaspers. Wir leben heute sinnvoller, achtsamer.

- **Sich sein Glück nicht durch negative Gedanken und Gefühle verbauen**
  Achten Sie auf das, was Sie denken. Unsere Gedanken, z.B. beim Küssen, Reinigen des Körpers, Blick in den Spiegel, beim Anblick von anderen, über unsere Gesundheit, unsere Stimmung u.a. sind wichtig. Suchen Sie bewusst täglich nach aufbauenden Gedanken, inneren Bildern. Suchen Sie auch in kritischen Lebenssituationen nach positiven Aspekten für sich.

4. Sich bewusst und mit Leidenschaft bewegen

Bewegung tut Körper, Geist und Seele gut. Wichtig ist, dass wir alle körperlichen Bewegungen bewusst machen, d.h. dabei unseren Geist nicht ausschalten. Der amerikanische Arzt Milton Trager (1909 – 1997) hat dafür seine „mentale Gymnastik", die er Mentastiks nennt, entwickelt. Die Grundidee dieser Gymnastik ist, bei jeder Bewegung, beim Sport, bei Gymnastik sich zu fragen: „Was wäre leichter?"

Wir sollten uns also genau bei diesen Bewegungen beobachten und uns fragen: „Wie anstrengend bzw. locker mache ich die Übung? (vgl. Werner T. Küstenmacher, Du hast es in der Hand, München 2012, S. 86).

Übungen (siehe Schaubilder)

Beachten Sie für diese Übungen das Folgende:
- Machen Sie die Übungen bewusst, beachten Sie die einzelnen Bewegungselemente.
- Fragen Sie sich dabei: „Wie könnte ich die Bewegung noch leichter, noch lockerer, noch achtsamer machen?" Ich will Verspannungen vermeiden, um die Muskulatur zu pflegen.
- Wie fühlen Sie sich bei der Übung? Gibt es Engpässe in Ihrem Körper? Machen Sie jede Bewegung leicht, so gut Sie es können. Bewegen soll Freude machen und mit Leichtigkeit geschehen.

1. Muskeln ganz lockern, z.B., indem Sie sich genussvoll strecken und dazu gähnen.

2. Gehen Sie in Ihrem Körper spazieren. Spüren Sie, wo sich Ihre Muskeln noch festhalten, und geben Sie nach.

3. Vielen gelingt Entspannung erst nach vorheriger Anspannung. Dann sollten Sie Ihre Muskeln von Kopf bis Beine nacheinander zuerst anspannen und dann entspannen.

Sich über die eigene Schulter schauen

- Aufgerichteten Kopf
- nach rechts seitlich drehen
- und sich über die Schulter schauen
- Fixieren Sie dabei einen Punkt an
- Einen Augenblick dort verweilen
- Dann Kopf wieder in Ausgangslage
- Nun Übung zur anderen Seite ausführen
- Entspannen und Atmung beobachten

Nackendehnen

- Kopf zuerst gut aufrichten
- dann zur rechten Seite absinken lassen mit der Vorstellung Ihr rechtes Ohr auf die rechte Seite zu legen. Etwas verbleiben
- Nackenseite wird langsam gedehnt
- Dann Übung nach der anderen Seite ausführen

5. Am Morgen gut zu sich selbst kommen

Viele Menschen beginnen ihren Morgen meist schon hektisch. Um zu sich selbst zu finden, Körper, Geist und Seele langsam und achtsam aufwachen zu lassen, empfehlen wir folgendes Übungsprogramm:

„Tipps für einen guten Morgen"

- Entspanntes Aufwachen
- Early morning-Reflexion
- Kneipp'sche Morgentoilette (warm-kalt duschen)
- Gymnastik-Programm
- Gesundes Frühstück
- Arbeitsbeginn

Vor dem Aufstehen im Bett

- Wachen Sie langsam auf. Vielleicht stellen Sie sich die aufgehende Sonne mit ihren goldgelben Strahlen vor, die den neuen Tag und Sie erwecken.
- Sagen Sie sich eine Affirmation, einen Leitsatz für den neuen Tag leise vor, z.B.:
  - ➢ Der neue Tag gibt mir Kraft und Energie.
  - ➢ Meine Energie fließt heute harmonisch durch meinen Körper.

Atemübung

Machen Sie vielleicht noch eine kleine Atemübung:

Atmen Sie langsam und gleichmäßig ein, lassen Sie die eingeatmete (Sonnen-) Energie im ganzen Körper umlaufen:
➢ erst im Kopf,
➢ dann über Nacken und Schulter,
➢ durch die Arme in die Hände und
➢ schließlich über Brustkorb und Unterleib in die Beine und Füße.
➢ Halten Sie den Atem an und sind Sie sich Ihres ganzen Körpers bewusst.
➢ Atmen Sie dann langsam und gleichmäßig weiter.
Die gesamte Übung dauert ca. 2 Minuten.

Hieran sollte man beim Aufstehen denken

Folgende Dinge sind Ihrer Gesundheit abträglich:
• Springen Sie nicht abrupt aus dem Bett. Der Körper und Kreislauf brauchen etwas Zeit, um in den Bewegungszustand zu gelangen.
• Viele Menschen springen schnell aus dem Bett, gehen geschwind unter die Dusche, ziehen sich schnell an und gehen sofort zur Arbeit. Sie haben keine Zeit, haben zu lange geschlafen und sind doch nicht ausgeschlafen. Wer sich so verhält, der behandelt seinen Körper schlecht, gerät schon in der Früh in Stress, lässt die Körperenergie sich nicht entfalten.
• Der Tag beginnt in Hektik und ohne Frühstück. Besser ist, sich in Ruhe auf den Tag einzustimmen.

Early-morning-Reflexion

Nach dem Aufstehen beten viele Menschen für einen guten Tag. Man kann auch den Tag reflektieren: Was erwartet mich heute? Vielleicht hören Sie auch schon eine Lieblingsmelodie oder den Text von Udo Jürgens: „Packen wir es an, jetzt oder nie".

Kneipp'sche Morgentoilette

Kneipp wurde bekannt für seine Warm- und Kaltgüsse. Das kann in unserer Dusche praktiziert werden.

Gymnastikprogramm als warming up

1. **Spannung loslassen**
   Stehen Sie aufrecht, stellen Sie die Füße etwas auseinander und falten Sie die Hände vor der Brust. Das Gewicht des Körpers ruht fest auf beiden Füßen. Stehen Sie ganz locker und lassen Sie alle Spannung los. Das Rückgrat sollte gerade sein. Machen Sie in dieser Haltung fünf tiefe Atemzüge und konzentrieren Sie sich dabei auf eine Rose, die Sonne o.a.

2. **Sich nach oben strecken**
   Strecken Sie aus dieser Haltung die gefalteten Hände ganz nach oben und biegen Sie sich leicht nach hinten. Richten Sie sich wieder gerade auf und nehmen Sie die Hände auseinander.

3. **Beugen Sie sich**
   dann mit gestreckten Armen nach vorne, bis die Hände den Boden berühren. Denken Sie dabei an die Farben des Feuers.

6. Sich Mini-Freiräume schaffen

Hier zählen die vielen Möglichkeiten, sich in der Natur zu bewegen, mit Spaziergängen, mit Walking, Joggen. Wichtig sind
auch andere Erholungseffekte. Nutzen Sie das Wochenende für
Erholung und Besinnung, z.B. durch Besuch des Gottesdienstes,
durch Treffen mit Familie und Freunden.

Es gibt Orte und Tage in der Woche, die man „heiligen" soll
und wo man zu sich selbst und zur Ruhe kommen kann.

Die große Mystikerin Teresa von Avila schreibt:

> **„Für die einen, die Gott in kurzer Zeit zum Gebet
> der Ruhe führen möchte, ist ein Buch gut, um sich
> schnell zu sammeln. Mir nützte es, Felder oder
> Wasser oder Blumen zu sehen. In diesen Dingen
> fand ich eine Spur des Schöpfers; sie weckten mich
> auf und sammelten mich und dienten mir als Buch."**
> **Vida 9,5**

4. Denk- und Verhaltensmuster, die Halt und Orientierung geben

Aus dem Orient kennen wir folgende Geschichte (aus Peseschkian, Die Treppen zum Glück, Frankfurt 2006):

GESCHICHTE: SCHATTEN AUF DER SONNENUHR
Im Orient wollte einst ein König seinen Untertanen eine Freude bereiten und brachte ihnen, die keine Uhr kannten, von einer Reise eine Sonnenuhr mit. Sein Geschenk veränderte das Leben der Menschen im Reich. Sie begannen, die Tageszeiten zu unterscheiden und ihre Zeit einzuteilen. Sie wurden pünktlicher, ordentlicher, zuverlässiger und fleißiger und brachten es zu großem Reichtum und Wohlstand. Als der König starb, überlegten sich die Untertanen, wie sie die Verdienste des Verstorbenen würdigen konnten. Und weil die Sonnenuhr das Symbol der Gnade des Königs und die Ursache des Erfolges der Bürger war, beschlossen sie, um die Sonnenuhr einen prachtvollen Tempel mit goldenem Kuppeldach zu bauen. Doch als der Tempel vollendet war und sich die Kuppel über der Sonnenuhr wölbte, erreichten die Sonnenstrahlen die Uhr nicht mehr. Der Schatten, der den Bürgern die Zeit gezeigt hatte, war verschwunden, der gemeinsame Orientierungspunkt, die Sonnenuhr, verdeckt. Der eine Bürger war nicht mehr pünktlich, der andere nicht mehr zuverlässig, der dritte nicht mehr fleißig. Jeder ging seinen Weg. Das Königreich zerfiel.

Was will uns diese Geschichte sagen? Jeder Mensch braucht für sich und sein Leben eigenständige Orientierungs- und Verhaltensweisen. Es kann sich in jedem nur Selbstgewissheit, Selbstsicherheit entfalten, wenn er sich eigenständig entwickelt. Die Eigenarten, die inneren Selbststärkungskräfte, seine Ansichten und seine Werturteile stammen aus der Umgebung, in der er aufgewachsen ist, und aus der eigenen Persönlichkeitsarbeit. Dieses persönliche Fundament, dieses Werteverhalten des Einzelnen gibt auch in der Gesellschaft Orientierung, prägt den Zeitgeist. Ein starkes Selbst ermöglicht ein Leben nach eigener Orientierung. Diese Orientierung ist jedoch heute in einer offenen, pluralistischen, ich-bezogenen Gesellschaft schwer erreichbar. Hier liegen Defizite, die es gilt, mutig auszugleichen.

Wir alle brauchen Ermutigungen, brauchen Halt, um ein erfülltes Leben zu führen. Viele Menschen erleben Enttäuschungen, gesundheitliche Beeinträchtigungen, Lebensumbrüche. Manchmal sind Verlustgefühle und Ängste so stark, dass Zuversicht und Hoffnung langsam schwinden. Deshalb brauchen wir Ermutigungen, Widerstandskräfte und Halt gebende Kräfte, um uns mit den Schwierigkeiten auseinanderzusetzen, sie in Hoffnung und Zuversicht zu transformieren.

Die folgenden Ermutigungen für unser Leben können Kraft, Erfüllung und Halt geben:

4.1 Mutig sein Leben anpacken

Zu den zentralen Lebensaufgaben gehört es, sich nicht primär darauf zu konzentrieren, was uns widerfährt, sondern wie wir mit dem umgehen, was uns passiert, und wie wir es durchstehen. Es kommt also wesentlich auf unsere innere Einstellung an.

Nehme ich alles als gegeben hin, voller Ärger und Groll, oder packe ich es mutig an?

Ein Beispiel: Petra wurde von ihrem Ehemann verlassen. Sie sagte: „Die Trennung hat alles verändert. Ich stehe jetzt einsam und allein da." Sie könnte aber auch nach einer Besinnungspause sagen: „Vielleicht kann dieser Einschnitt in meinem Leben die Chance für eine Lebensumstellung sein, die Gelegenheit, anders zu leben als bisher, etwas Neues in Angriff zu nehmen." Wir brauchen Mut, Neues zuzulassen und gut mit den Verlusten umzugehen. Wir brauchen in unserem Leben einfach Mut zu Veränderungen, zu persönlichem Wachstum, auch zum Risiko, etwas Neues zu wagen, z.B., sich mehr zu bewegen, seine Ernährung umzustellen. Mutig und eigenverantwortlich etwas anzupacken bringt mehr Lebenskraft.

Der Physiker Georg Christoph Lichtenberg (1742 – 1799) sagte:

> **„Ich kann freilich nicht sagen, ob es besser wird,
> wenn es anders wird, aber so viel kann ich sagen:
> Es muss anders werden, wenn es gut werden soll."**

Neue psychologische Forschungen belegen, dass vor allem eine scheinbar aussichtslose und unveränderbare Lage die inneren Kräfte, den Selbsterhaltungstrieb mobilisieren. Wille und Anstrengung wachsen, mutig etwas Neues zuzulassen und uns den Begrenzungen zu stellen.

> **Wenn wir uns gegen die Widerstände und Verluste
> durchsetzen, kann uns das mit Stolz, Freude und
> Glücksgefühlen erfüllen.**

Doch: Zu wissen, wann man durchhalten und weitermachen und wann man aufhören sollte, ist eine Form der Lebensweisheit (Vgl. Psychologie heute 2/2012).

Innere Stärke und Geisteskraft verhelfen zu neuem Verhalten. So lassen sich Ausreden, Zukunftsungewissheit und Stolpersteine leichter überwinden. Die folgenden Regeln helfen dabei.

Mit innerer Stärke und Geisteskraft zu neuem Verhalten

1. **Für wichtiges Neues habe ich immer Zeit,**
   statt der Ausrede: „Dafür habe ich keine Zeit."

2. **Ich tue stets das, was mich glücklich macht,**
   statt: „Ich bin schon zu alt, ich bin schon so eingefahren."

3. **Meine Energie kann ich selber mobilisieren,**
   statt: „Dafür habe ich keine Kraft und Energie."

4. **Es gibt immer einen Weg,**
   statt: „Das gelingt mir ja doch nicht, ich schaffe diesen Weg nicht."

5. **Ich entscheide, wer ich sein will,**
   statt: „Ich bin halt so, ich kann nicht anders."

4.2 Etwas bewegen im Leben

Jeder von uns kann in seinem Leben und in der Gemeinschaft etwas bewegen und bewirken und jeder möchte das auch gern. Es macht das Leben interessant, Neues anzupacken, etwas zu gestalten, einen neuen Weg auszuprobieren. Daraus wächst meist die Erfahrung: „Ich bin etwas wert, ich bin wer". Durch solche Anstrengungen und Leistungen erfahren wir dann, was in uns steckt.

Es ist etwas Wunderbares, die eigenen Stärken und Fähigkeiten zu entdecken, wie der Benediktiner-Abtprimas Notker Wolf sagte:

> **„Wir sind, wenn wir es deutlich sehen, vom Schöpfer berufen, Mitschöpfer zu sein. Das macht die Würde des Menschen aus."**
>
> **in: Erfüllte Zeit, Leipzig 2011**

Eine solche Selbstwerterfahrung ist zugleich Grundlage, Halt für unsere Zukunft. Gerade in schwierigen Zeiten trägt uns unser Selbstwertgefühl.

4.3 Lerne Dankbarkeit

Wir denken zu selten darüber nach, was wir im Leben bereits alles erreicht haben. Charles Dickens sagte dazu:

> **„Denke über dein Glück nach,**
> **von dem jeder Mensch viel hat,**
> **nicht über dein Ungemach,**
> **von dem jeder etwas hat."**

In einer Negativ-Denker-Gesellschaft müssen wir wieder lernen, das Gute zu sehen und dankbar dafür zu sein. Eine dankbare Einstellung bekommen wir, indem wir öfters an Dinge denken, für die wir dankbar sein können, z.B. für ein nettes Wort von einem Mitmenschen, ein Geschenk von der Nachbarin, für den Duft der Kirschblüten im Frühling, für eine erfüllte Lebenssituation. Das Leben ist voll von kleinen Dingen, für die wir dankbar sein können.

Mit einer dankbaren Haltung können wir leichter zufrieden sein und uns richtig freuen. In Studien hat man festgestellt, dass dankbare Menschen besser mit Schmerzen zurechtkommen, sich glücklicher fühlen und emotional stabiler sind (zit. nach Archibald Hart, Wer zu viel hat, Gießen 2010, S. 149).

4.4 Vertrauen in das Leben, die Zukunft

Vertrauen ist ein zentraler Halt im Leben. Es bietet Sicherheit und Zuversicht. Gerade in einer unsicheren Zeit, in einer Zeit der Vertrauenskrise, ist es wichtig, wieder Vertrauen zu lernen.

> **„Alles Reden ist sinnlos,**
> **wenn das Vertrauen fehlt",**

notierte Franz Kafka. Das gilt auch heute noch, z.B. für Polemik, Erregung, alle bürgerlichen Proteste. Vertrauen wird heute durch Misstrauen ersetzt. Für viele Menschen ist heute Misstrauen wichtiger. So dachte auch Lenin, der meinte, Kontrolle sei besser als Vertrauen. Das war und ist auch die Praxis in vielen politischen Systemen, wie z.B. in der ehemaligen DDR.

Sicher ist die Praxis des Vertrauens nicht ohne Risiko. Vertrauen ist eine Vorleistung, wie der Soziologe Niklas Luhmann sagte. Doch ohne Vertrauen geschieht auch kein Miteinander, ist kaum noch etwas sicher. Vertrauen ist ein essentieller Lebensfaktor.

Vertrauen fördern

Vertrauen fördern bedeutet: ein kluges Maß zwischen Vertrauen und Misstrauen halten. Ein Mehr an Vertrauen ist dabei weniger schädlich als ein Übermaß an Misstrauen. Wichtig ist vor allem das Selbstvertrauen. Daran kann jeder für sich arbeiten.

> **„Sobald du dir vertraust, sobald weißt du zu leben."**
> **J.W. von Goethe**

Goethe sagte auch in seinem Faust I:

> **„Und wenn Ihr euch nur selbst vertraut,**
> **vertrauen euch die anderen Seelen."**

Um Zuversicht und Ermutigung für die Zukunft zu finden, braucht es Vertrauen, kein blindes, sondern ein verstehendes, achtsames, intelligentes, aufbauendes Vertrauen. Vertrauen bedeutet nicht, alles genau im Voraus zu wissen, genaue Details von dem, was passieren wird. Mit Mut und Selbstvertrauen, mit dem Glauben, dass sich etwas zum Besseren wendet, habe ich nicht die Sicherheit. Eine Garantie gibt es nicht.

Als gläubige Christen haben wir jedoch ein Stück Gottvertrauen. Eine alte Lebenserfahrung heißt: „Hilf dir selbst, dann hilft dir Gott". Gerade jetzt gilt in Bezug auf unsere Zukunft: Misstrauen und Angst bringen nichts. Es gibt immer noch so viele Pessimisten, ja Berufspessimisten. Mit dieser Haltung werden wir uns und unser Land nicht weiterbringen. Deshalb sorgen wir mit unserem Vertrauensvorschub, dass es besser wird.

Nicht jammern, misstrauen, sondern vertrauen

„Und wo bleibt das Positive, Herr Kästner?" Die Frage an den berühmten Schriftsteller wurde zu einem geflügelten Wort und könnte auch heute noch wichtig sein. Gute Nachrichten in den Medien und auch in der gesellschaftlichen Diskussion sind auch heute selten: Krisen, Kriege, Katastrophen, Kritik und andere Menschen klein machen wurde zum Stil unserer Zeit.

Jammern, Mutmaßungen, Negativ-Meldungen wurden zum „Lieblingssport" in Deutschland. Der bekannte Journalist Peter Hahne (in: Was wirklich zählt, Hamburg 2.11) drückt das so aus:

> **„Als trügen wir ein geheimnisvolles Negativ-Gen in uns, sehen wir das Glas Wasser immer nur halb leer, statt optimistisch halb voll."**

Doch Misstrauen, Kritik und Negativ-Mentalität bringen uns nicht weiter, geben keinen Halt. Wir brauchen Mutmacher statt Miesmacher, eine Kultur der Hoffnung und Zuversicht statt des Jammerns und des Misstrauens.

Ist „gut drauf sein" machbar?

In guter Stimmung, glücklich und ausgeglichen sein, war schon immer ein Ziel der Menschen. Besonders in der heutigen Zeit breitet sich bei vielen Menschen aber eher eine depressive Grundstimmung aus. Viele Menschen sind nervös und erschöpft. Das hat sicher viele Ursachen, Doch unsere Stimmungen, unser Fühlen und unsere Gefühle werden besonders von Botenstoffen im Gehirn getragen und geleitet. Solche Botenstoffe (Aminosäuren) werden z. T. vom Körper selber hergestellt, aber auch über die Nahrung zugeführt: Für eine harmonische Gefühlslage, für Glücksgefühle ist vor allem die Balance zwischen aktivierenden und beruhigenden Botenstoffen wichtig.

Wir können uns also durch eine „glücksbringende Ernährung in Stimmung bringen. Wenn wir uns gesund und zielgerichtet ernähren, können die Vitalstoffe (z. B. Botenstoffe, Vitamine, Kohlenhydrate, Eiweiß) in unserem Gehirn und Körper die anregende Stimmung auslösen und Erschöpfungen vermeiden.

Ursachen für Stimmungsschwankungen

Sicherlich stellt die Ernährung nur einen Baustein für ein ausgeglichenes, glückliches Leben, frei von Stimmungsschwan-
kungen dar. Wohlbefinden und ein Glücksgefühl werden durch
eine Vielzahl von Faktoren beeinflusst. Es gibt Gemütszustän-
de, wie schwere Depressionen, die können überhaupt nicht bzw.
nur flankierend von Ernährung beeinflusst werden. Hier können
vielfältige Ursachen vorliegen, die nur Ärzte und Heilpraktiker
klären und behandeln können.

Es gibt aber bei gesunden Menschen im Alltag wechselnde
Gefühls- und Stimmungslagen, die durch Ernährung beeinflusst
oder gar reguliert werden können. Ernährung stellt dabei in der
Regel nur einen Faktor dar. Liebeskummer z. B. oder Trauer um
den Tod eines geliebten Menschen, Lebenskrisen lösen Stim-
mungsschwankungen aus. Eine vitalstoff- und energiereiche
Ernährung hilft uns allerdings, die großen und kleinen Krisen
besser zu überstehen und etwas ausgeglichener, glücklicher und
zufriedener zu werden. Sie sorgt dafür, dass wir etwas besser
drauf sind, „Saft und Kraft" entwickeln. Richtige Ernährung
macht uns psychisch und physisch stabiler und trägt zu einer
ausgeglichenen Seelenlage bei. In der Regel gilt: Wer im Kopf
und im Körper fit ist, ist auch gut gelaunt, denn bekanntlich
wohnt in einem gesunden Körper auch ein gesunder Geist.

> „Vergiss nicht – man benötigt nur wenig,
> um ein glückliches Leben zu führen"
> **Marc Aurel, Philosoph**

4.5 Blick nach vorne, auf Wichtiges richten

Unser Leben ist oft verstopft. Es fehlt uns der Blick auf das Wesentliche. Wir haben zu wenig Raum für Dinge, die wirklich
wichtig sind. Wir sind äußerlich mit vielen Dingen, Schnick-
schnacks, mit Mode und Wohlstand, Geräten u.a. belastet. Aber
auch innerlich sind wir verstopft, blockiert in unserem Denken,
mit schlechten Gewohnheiten, mit Negativ-Mentalität, mit Zeitgeist , mit vielerlei Unwichtigem, mit Zerstreuungen. Viele Menschen starren auf Dinge, die andere haben, nur wir selber nicht.
Das macht unzufrieden, neidisch. Freude und der Blick auf ein er-
füllendes Leben kommen oft zu kurz, aber auch der Selbstgestal-
tungswille, weil alles mit Unwichtigem ausgefüllt ist. Der Blick
nach vorne in ein sinnvolles, selbstbestimmtes Leben gerät dabei
ins Hintertreffen. Wer zu viel macht, verliert das Leben.

Deshalb sollten wir uns öfters die Frage stellen: Was ist wirklich wichtig, wenn ich ein sinnvolles, erfülltes , gesundes Leben
haben will?

Richtig leben braucht „Bedenkzeit"

Um ein sinnvolles Leben zu führen, um ein Leben vorausschau-
end zu gestalten, nach vorne zu schauen, braucht man „Bedenk-
zeit", sonst geht es uns wie dem Friseur Fusi in Michael Endes
Roman „Momo" :

**FÜR DAS RICHTIGE LEBEN
MUSS MAN ZEIT HABEN
Da war zum Beispiel Herr Fusi, der Friseur. Er war
zwar kein berühmter Haarkünstler, aber er war in
seiner Straße gut angesehen. Er war nicht arm und**

nicht reich. Sein Laden, der mitten in der Stadt lag, war klein, und er beschäftigte einen Lehrjungen.

Eines Tages stand Herr Fusi in der Tür seines Ladens und wartete auf Kundschaft. Der Lehrjunge hatte frei, und Herr Fusi war allein. Er sah zu, wie der Regen auf die Straße platschte, es war ein grauer Tag, und auch in Herrn Fusis Seele war trübes Wetter.

„Mein Leben geht so dahin", dachte er, „mit Scherengeklapper und Geschwätz und Seifenschaum. Was habe ich eigentlich von meinem Dasein? Und wenn ich einmal tot bin, wird es sein, als hätte es mich nie gegeben."

„Mein ganzes Leben ist verfehlt", dachte Herr Fusi. „Wer bin ich schon? Ein kleiner Friseur, das ist nun aus mir geworden. Wenn ich das richtige Leben führen könnte, dann wäre ich ein ganz anderer Mensch!"
Wie dieses richtige Leben allerdings beschaffen sein sollte, war Herrn Fusi nicht klar. Er stellte sich nur irgendetwas Bedeutendes vor, etwas Luxuriöses, etwas, wie man es immer in den Illustrierten sah.

„Aber", dachte er missmutig, „für so etwas lässt mir meine Arbeit keine Zeit. Denn für das richtige Leben muss man Zeit haben. Man muss frei sein. Ich aber bleibe mein Leben lang ein Gefangener von Scherengeklapper, Geschwätz und Seifenschaum."

aus Michael Endes Märchen-Roman „Momo"

„Das Leben bedenken" hat schon Paulus in seinem Brief an die Philipper (4,8) empfohlen:

> „Liebe Brüder, seid auf alles bedacht, was wahr und edel, rechtschaffen und lauter, liebenswert und erfreulich ist. Denkt daran, was es an Tugenden gibt und Lob und Anerkennung verdient."

Leider lässt unsere hektische, überfrachtete Zeit kaum Gelegenheit für Besinnung, Bedenken, für Entspannung, Andacht, Ruhe und Meditation. Deshalb schauen wir auch selten nach vorne, in die Zeit, die auf uns zukommt. Manchmal braucht es eine Lebenskatastrophe, um uns zurück auf den richtigen Weg zu schubsen.

Dabei wäre es doch richtig, öfters zu überlegen, was für uns wirklich wichtig ist, wenn wir ein sinnvolles, erfülltes Leben haben wollen. Manche Fehlentscheidungen könnten verhindert und Platz für Dinge, die wirklich zählen, geschaffen werden. Viele Menschen werden später im Leben körperliche und psychische Leiden bekommen, die nicht nötig sein müssten. Im Heute wäre es nur notwendig, loszulassen und neu anzufangen, sich weiterzuentwickeln und zu wachsen.

Hoffnung verändert unser Leben
Um weiterzudenken, nach vorne zu schauen und sich zu ändern, können uns Hoffnung und Zuversicht weiterhelfen.
Es gibt eine alte Weisheit, die besagt:

> „Solange es Leben gibt,
> gibt es Hoffnung."

Als Christen sagen wir besser auch: „Solange es Hoffnung gibt, gibt es Leben." Hoffnung kann das Leben verändern und stärken.

Beispiele dafür sind z.B. Kriegsgefangene oder Menschen in Konzentrationslagern, die allem entrissen waren, was lebenswert ist: jedem Hoffnungsschimmer, z.B. der Vision vom Leben danach oder der Meldung von Angehörigen: „Wir warten auf deine Rückkehr". Hoffnung verändert auch diese schlimme Lebenssituation.

Als Christen besitzen wir auch eine gute Nachricht von Jesus. Er sagte:

> **„Ich warte auf dich. Ich bereite dir eine Wohnung und mein Haus hat viele Wohnungen".**

Der Apostel Paulus sagt:

> **„Wandelt euch und erneuert euer Denken."**
> **Röm. 12,2**

Darin liegt die Hoffnung, die uns motiviert und in uns neue Lebenskräfte wecken kann.

Der ehemalige Ministerpräsident Bernhard Vogel sagte bei einer Traueransprache:

> **„Wenn es Gott nicht gibt, dann endet unsere Hoffnung an unseren Grenzen."**

4.6 Mitverantwortung und Beziehungen pflegen

Wir sind als Menschen nie für uns allein geschaffen. Vielmehr sind wir auch soziale Wesen. Der griechische Philosoph Aristoteles sagte dies, lange bevor die Botschaft der Nächstenliebe kam. In der heißt es:

„Liebe Deinen Nächsten wie Dich selbst."

Im sozialen Miteinander und in der sozialen Verantwortung wird die Voraussetzung dafür geschaffen, dass wir uns als Einzelne selber erhalten und entfalten können. Der Einsatz für andere ist daher nicht nur ein Opfer, sondern auch eine Bereicherung, die uns inneren Halt geben kann.

Mit anderen zusammenzuleben holt uns oft auch aus unserer eigenen Sichtweise heraus. Leider ist der soziale Zusammenhalt heute durch eine ich-bezogene Einstellung gestört. Beziehungen und Kontakte, auch Partnerschaften sind heute oft oberflächlich und quantitativ vielfältig. Es kommt aber auf die Qualität der Beziehung an, auf den Tiefgang.

> **„Wir vereinzeln immer mehr. Ob nun absichtlich oder nicht, wir werden selbst in unseren intimsten Beziehungen zunehmend zu Einzelgängern."**
> **Archibald Hart**

Experten sprechen von einem Entfremdungs-Syndrom. Wie kommt es zu dieser Entfremdung und Ich-Mentalität? Es gibt viele Gründe, die in unserem Zeitgeist liegen. Ein Grund ist sicher die digitale Mentalität. Viele Menschen verbringen heute mehr Zeit im Internet als im persönlichen Miteinander mit anderen. Oft haben wir im Internet hunderte Freunde, ohne dass wir unser Zimmer je verlassen haben, oft kennen wir solche Internet-Freunde nicht persönlich, sondern nur aus dem Netz. Echte Freundschaft braucht persönlichen Kontakt, Vertrauen und Zuwendung.

Arthur Schopenhauer fasste die soziale Bedeutung von Nähe und Distanz in Beziehungen in das Bild von Stachelschweinen, die sich in der Kälte aneinander wärmen wollten. Wenn sie sich zu nahe kommen, stechen sie sich gegenseitig mit ihren Stacheln Wenn sie sich zu weit voneinander entfernen, bekommen sie keine Wärme aus der Nähe. So müssen auch die Menschen ausprobieren, was der richtige Abstand ist. Durch Liebe entstehen Wärme und Nähe. Sie geben Kraft und Halt.

Zusammenfassung:

Wer gut durchs Leben kommen will, muss etwas haben, woran er sich halten kann, was ihn trägt in den Stürmen des Lebens. Bei Friedrich Schiller lesen wir:

> „Wer durchs Leben sich frisch will schlagen,
> muss zu Schutz und Trutz gerüstet sein."
> aus Wilhelm Tell

> Für Christen gilt:
> „Haltet Euch an meine Worte."
> Matthäus 23,3

> „Du weißt,
> wie sehr wir der Liebe bedürfen.
> Gib, dass wir diesem schönsten,
> schwierigsten, riskantesten
> und zartesten Geschäft des Lebens
> gewachsen sind."
> Antoine de Saint-Exupéry

5. Geistig-mentale Kräfte kultivieren

Der Schöpfer hat jedem von uns einen Kopf, ein Gehirn gegeben. Das ist der Sitz von

- Geist, von Bewusstsein und Unbewusstsein.
- Hier entstehen Gedanken und bildhafte Vorstellungen, die unseren Körper steuern, uns Energie geben.
- Durch unser Denken, Fühlen und Wahrnehmen können wir unser Leben und uns selbst gestalten, entwickeln, entfalten.
- Der Geist lenkt durch seine mentalen Programme, durch Gedanken und bildhafte Vorstellungen, unser Verhalten, unsere Körper-Geist- und Lebensvitalität. Das Gehirn ist die Haupttriebfeder, Motivations- und Energiequelle für Körper, Geist, Seele, Leben.

NEHMEN SIE DIE DINGE IN DIE HAND!
„Der Geist ist die herrschende Kraft, die schmiedet und schafft, wir sind Geist, und je mehr wir das Werkzeug des Denkens einsetzen und das erschaffen, was wir wollen, desto sicherer bringen wir tausend Freuden, tausend Leiden hervor. Wir denken im Verborgenen und es zeigt sich: nichts als ein Spiegel."
James Allen

5.1 Überzeugungen und Einstellungen kultivieren

Es gibt immer mehr Hinweise, vor allem aus den Neurowissenschaften, dass neben den Faktoren der Lebensführung (z.B. Ernährung, Bewegung) vor allem immaterielle Faktoren wie Gedanken, Vorstellungen, Bewusstsein, Überzeugungen, Gefühle, Gebete und Einstellungen unseren Körper, unser Verhalten, unsere Gesundheit, sogar unsere Gene steuern. Die alte Sichtweise, wonach unsere Gene über unveränderbare Vorgaben das Funktionieren unseres Körpers wie unsere Gesundheit steuern, sind heute längst wissenschaftlich widerlegt (vgl. Epigenetik).

> „Die Wissenschaft hat lange gebraucht für die Erkenntnis, dass etwas so scheinbar Immaterielles wie eine Überzeugung sich körperlich manifestieren kann als positive oder negative Veränderung in unseren Zellen. Nun stellt sich heraus, dass diese Faktoren Gesundheit und Lebensdauer drastisch beeinflussen können."
>
> **Dawson Church, Die neue Medizin des Bewusstseins, Kirchzarten 2008, S. 47**

Wir werden damit zum Regisseur unserer Gene, zum Gestalter für Halt, Ortientierung und Lebensführung.

Auf Überzeugungen und Einstellungen kommt es an

Überzeugungen, Einstellungen, Gefühle wie eine positive Grundstimmung, Optimismus und Zuversicht galten früher als zufällig entstanden. Doch Untersuchungen wie die von Richard Davidson (zit. nach Church, a.a.O., S. 60) zeigen, dass auch diese Fähigkeiten erlernbar sind. Man kann diese Überzeugungen, Einstellungen entwickeln, z.B. durch Mindcoaching (Vgl. Franz Decker, Alles beginnt im Kopf, Würzburg). Mit solchen geistig-mentalen Fähigkeiten lassen sich Körper, Geist- und Lebensprozesse verändern. So haben wir Einfluss auf die Bildung heilender Proteine. Andrew Weil, der Autor von „Gesund älter werden", Berlin 2006, belegt: „Beim Älterwerden entscheidet die Einstellung alles". Positive Vorstellungen verlängern die Lebensdauer, negative verkürzen sie. Weil erinnert uns außerdem daran, dass Optimismus heilsam ist. Optimistische Menschen haben ein um 23 Prozent niedrigeres Risiko, an Herz-Kreislauf-Erkrankungen zu sterben. Positiv eingestellte Senioren besitzen ein besseres Gedächtnis und bleiben gesünder.

Stressabbau durch Einstellungsänderung

Mit Hilfe von Einstellungsänderungen, z.B. durch neue Überzeugungen mittels Selbstgesprächen und Visualisierungen, durch den Glauben an etwas Positives, durch Entspannungsübungen, können wir Stress vermeiden bzw. abbauen.

Wir brauchen für ein stabiles, gesundes, erfülltes Leben Energien. Wenn jedoch die Energiereserven ständig für die Stressbewältigung angezapft werden, bleibt nicht genug Energie für die persönliche Entfaltung und die Lebensgestaltung übrig. Auch die Gesundheit leidet unter dem Energieverbrauch durch Stress.

5.2 Gehirn- und Gedankenpflege

Dabei ist es wichtig, geistig fit zu bleiben, sein Gehirn zu pflegen und seine geistig-mentalen Kräfte zu fördern. Es sind Geist und Seele, die uns den Weg in ein neues, erfülltes Leben ebnen und die den Körper – je nach Impuls – in seiner Vitalität stärken bzw. blockieren.

Mittels Gedanken, bildhaften Vorstellungen und Glaubenskräften können wir unserem Selbst und unserem Leben
* Halt, Kraft, Energie
* und Orientierung geben,
* uns immer wieder neu motivieren für innere Stärke und Lebenserfüllung.

Mit jedem Gefühl und Gedanken, mit einer positiven Einstellung, mit Optimismus, aber auch mit Gebeten, Meditation können wir uns inneren Halt, Vitalität und Zuversicht geben und die Waagschale zugunsten unserer Gesundheit ausrichten. Es geht uns dann psychisch gut und wir profitieren davon körperlich, geistig und im Lebensverlauf.

Solche geistig-mentalen Programme, z.B. unsere Überzeugungen – seien sie wahr oder unwahr, positiv oder negativ – existieren nicht nur in unserem Kopf, sondern auch in unserem Körper und wirken sich auf Verhalten und Lebensführung aus.

Deshalb ist es wichtig, negative Überzeugungen, Gedanken, Gefühle u.a. zu verändern. Bruce Lipton zeigt in seinem wegweisenden Buch „Intelligente Zellen" (Burgrain 2006, S. 75), dass sich selbst unsere hartnäckigen Überzeugungen verändern lassen. Pflege der tragenden Kräfte und Verändern der Belastungen wird zu einer zentralen Lebensaufgabe.

> „Kein Ereignis hat irgendeine Macht über mich,
> außer der, die ich ihm in meinen Gedanken gebe."
> **Anthony Robbins**

Durch unsere Gedanken und bildhaften Vorstellungen, die wir in unserem Kopf bilden können, lassen sich Orientierung, Standfestigkeit und innerer Frieden programmieren. Ein starkes Selbst kann so entstehen. Wir können so

- Wichtiges von Unwichtigem,
- Wesentliches von Oberflächlichem,
- Entspannendes von Belastendem

trennen, um so zu mehr Selbstvertrauen und Sinn im Leben zu kommen.

Mit der Kraft des Geistes, mit Mentaltraining kann ich mich zuversichtlich, glücklich, ausgeglichen denken und fühlen. Mit Gedanken und inneren Bildern lässt sich vieles ausgleichen, kompensieren, selbst Krankheiten und Lebensbrüche. Das Gehirn reguliert vieles.

Mentaltraining wird deshalb zu einer wichtigen Lebensaufgabe, um sich selbst und sein Leben in Balance zu halten und inneren Halt und äußere Orientierung zu finden.

5.3 Mentale Stärke entwickeln

Mental gut drauf sein, sich geistig-emotional weiterzuentwickeln und immer wieder in Balance zu kommen, seine inneren Kräfte zu mobilisieren, ist durch mentales Training möglich.

Immer wieder hören wir von Fällen, in denen Krankheiten nicht zum Ausbruch kommen oder gar Heilung möglich war, weil die

Patienten durch ihre Überzeugungen starke Selbstheilungskräfte entwickelten.

Mentales Training lässt sich optimieren

- Mein Ziel, meinen Vorsatz ausmalen, visualisieren, mit positiven Emotionen und mit Begeisterung versehen.
- Sehen Sie sich wie in einem Film, wie Sie das Ziel bereits erreicht haben, und malen Sie sich Ihre „Submodalitäten", Ihre Umstellungsbedingen aus. Sie fragen sich: „Was sehe ich Ermunterndes, was höre ich Belebendes, was empfinde ich Angenehmes?" Halten Sie das Bild auf Ihrem inneren Bildschirm ganz nah an sich heran. Das verstärkt die Wirkung.
- Malen Sie sich aus, wie Sie Schritt für Schritt ihr attraktives Ziel, Ihre neue Einstellung erreichen wollen, und mobilisieren Sie mentale Energien, wie Zuversicht, Optimismus und Erfolgs-Glaubenssätze.
- Wichtig ist dabei, dass Sie sich in einem entspannten Zustand befinden. Dadurch finden wir Zugang zu unserem Unterbewusstsein.

Ein solches Mentaltraining gibt uns auch Standfestigkeit, gibt uns die Gewissheit, dass wir unseren Lebensweg sicher – wenn auch manchmal mit Umwegen – gehen können.

Standfest sein

Standfest sein bedeutet
- durchhalten, langen Atem besitzen,
- Sorgen weniger zulassen,
- den Alltagsproblemen souveräner begegnen,
- Probleme ängstigen nicht so stark,
- Bedrängendes und Beängstigendes wird nicht so hoch bewertet.

Die Lebensumstände können uns weniger beeindrucken und unglücklich machen. Sind wir standfest, halten wir unsere Position, behalten wir unsere Ziele im Blick und setzen unsere Position leichter durch.

Standfestigkeit baut auf Selbstvertrauen, welches von der Überzeugung getragen wird: Ich weiche den wechselnden Situationen meines Lebens nicht aus. Ich gehe meinen Weg und stehe zu meiner Einstellung.

> „Es ist der Geist, der gut oder böse macht,
> der traurig oder glücklich, reich oder arm macht."
> **Edmund Spenser**

> „Leben beginnt im Kopf – hier entstehen Glück,
> Gesundheit, Orientierung und Halt."
> **Franz Decker**

5.4 Die Welt mit positiven Augen sehen

> „Ein Mensch, dem innerer Frieden zuteil
> geworden ist, verzweifelt weder angesichts
> einer Katastrophe, noch verleitet Erfolg
> ihn zu Hochmut."
> **Matthias Ricard**

Solche Menschen leben ihr Leben in großer Gelassenheit, weil sie wissen, dass Erfahrungen flüchtig sind. Es macht keinen Sinn, sich daran festzuklammern. Entscheidend ist die innere Einstellung zu den Dingen, den Lebenssituationen.

Der Geisteszustand, die Denk- und Vorstellungskräfte sind entscheidend. Sie geben der Realität die Färbung, die Deutung.

Diese Fähigkeit bildet eine Grundvoraussetzung für ein lebenswertes Leben, denn Geisteszustände rauben oder stärken unsere Lebensfreude, unsere Lebenskraft.

Die Welt mit positiven Augen zu sehen, bedeutet nicht, dass wir die Widrigkeiten des Lebens mit blauäugigem Optimismus sehen. Wir sind nicht mehr Sklaven jener Unzufriedenheit und Frustration aufgrund unserer negativen Weltsicht. Innere Verwirrung und Energie-Erschöpfung bleiben aus.

Um glücklich, vital und kraftvoll zu leben, sollten wir unseren Geist vor toxisch wirkenden Einflüssen schützen und davon sowie von negativen Emotionen wie Wut, Hass, Angst, Ärger reinigen.

Wir sollten lernen, die Lebensereignisse zu relativieren und die äußeren Herausforderungen und Bedrohungen voller Zuversicht und lösungsorientiert zu betrachten. Nach vorne schauen und das Leben vorwärts denken wird deshalb zu einer wichtigen Tätigkeit.

Dabei gilt auch

> **„Wir sind glücklich, wenn wir in etwas**
> **Größerem aufgehen, als wir selbst sind."**
> **Teilhard de Chardin**

Übung:

Untersuchung der Glücksursachen

Nehmen Sie sich einen Moment Zeit, um allein und in Stille herauszufinden, was Sie wirklich glücklich macht. Hängt Ihr Glück hauptsächlich von äußeren Umständen ab? Wie viel davon ist auf Ihre innere Haltung und Ihre Art und Weise, die Welt zu erleben, zurückzuführen? Falls Ihr Glück auf äußeren Umständen beruht, sollten Sie überprüfen, inwieweit auf diese Verlass ist. Und falls Sie es einem Zustand des Geistes verdanken, können Sie sich fragen, wie sich dieser noch weiter kultivieren lässt.

6. Lebensordnung und Lebensqualität als Fundament

Unsere Lebensordnung
verliert immer mehr den Charakter der Ordnung. Individuali-
sierung, Pluralität, Wertevielfalt, eine Phase des Umbruchs und
der Veränderung erlangen oftmals Züge von Chaos, von Unüber-
sichtlichkeit. Wir analysieren und diagnostizieren. Wir wissen
immer mehr und mehr, bis wir schließlich alles von nichts mehr
wissen.

Dadurch wird
*   das Leben, die Welt weniger durchschaubar, in ihrem Zu-
    sammenhalt, ihren Grundsätzen erkennbar. Wir verlieren oft
    die Orientierung bei der Vielfalt von Zielen, Anreizen, Mei-
    nungen.
*   Kraft und Energie werden immer mehr zerstückelt und ge-
    ben uns immer weniger Halt. Der Blick auf unser eigenes
    Fundament wird dabei immer dunkler. Es fällt uns immer
    schwerer, ein Gesamtbild unseres Lebens, den Lebenssinn zu
    entwerfen und eigene Orientierung und Lebensperspektive
    zu entwickeln in Anbetracht von Vielfalt und Negativismus.

Wir leben in einer Welt der Unordnung und Haltlosigkeit („Welt
in Un-Ordnung"). Die Lebensordnung kann uns Halt und Kraft
geben, nicht Chaos und Strukturlosigkeit.

Das Leben kann jedem Einzelnen Kraft geben, aber auch Kräfte rauben, Initiativen blockieren, die Gesundheit schwächen.
Um die Wirren des Lebens zu bewältigen, den Weg des Lebens

sinnvoll und zielstrebig zu gehen, brauchen wir Selbst- und Lebensordnung. Bedingung dafür sind neben den Selbstgestaltungskräften die Lebensqualität und Ordnung, Struktur und Fundament im Leben.

6.1 Vom Zuviel im Leben hin zur Lebensordnung

Erfolg im Beruf, bei Konsum und Freizeit immer aktuell sein, ein aktives Privatleben, an vielen Events teilnehmen, mobil und immer auf Achse sein ist die Lebensphilosophie vieler Menschen. Unsere Lebensordnung ist dabei oft gestört, Lebenskrisen stellen sich ein. Der oft gestörte biologisch-natürliche Lebensrhythmus führt zu Gesundheits- und Energiestörungen (Siehe Schaubild).

Bei den meisten Menschen kommen verschiedene Bereiche zu kurz. Wir arbeiten zu viel und vernachlässigen die Familie, die Entspannung, das Privatleben. Wir sind ausgebrannt (Burnout), wir vernachlässigen unsere geistig-seelische Lebensqualität, leiden unter psychosomatischen Beschwerden, Stresskrankheiten oder Depression. Wir brauchen wieder eine Lebensbalance, die Konzentration auf das Wesentliche, wenn wir herausfinden, was wir wollen, was uns guttut, was uns Geborgenheit, Beziehungsqualität, emotionale und mentale Kraft gibt. Wichtig dabei sind klare Ziele und die Konsequenz, diese auch gegen den Zeitgeist zu realisieren.

> „Das Glück besteht darin, zu leben wie alle Welt und doch wie kein anderer zu sein."
>
> **Simone de Beauvoir**

Störungen der natürlichen Lebens-Ordnung
in der heutigen zivilisierten Welt

↓

Gestörter biologisch-natürlicher Rhythmus

zwischen ⟶ und

Schlaf	Wachsein
Anspannung	Entspannung
Leistung	Ausruhen
Aktivität	Passivität
Geist	Körper
Verstand	Gefühl
Tag	Nacht

In den naturgegebenen Rhythmus und Wechsel zwischen den beiden Polen hat der Mensch ändernd und gestaltend eingegriffen.

↓

Gesundheits- und Energie-Störungen

6.2 Konzentration auf Wesentliches

Wie können wir unserem Leben Halt, Struktur und Ordnung geben, damit wir unseren Weg sicher gehen, einen klaren Blick nach vorne haben und auch in unsicheren Lebenssituationen Standhaftigkeit praktizieren können? Es gibt darauf keine allgemein verbindlichen, aber viele Antworten.

> **„Die Konzentration auf das, für das es sich zu leben lohnt, macht uns schon reicher. Da, wo wir uns mit dem Leben einlassen, tut es sich für uns auf und beschenkt uns."**
> **Ulrich Schaffer**

In unserem Leben ist besonders wichtig, dass es uns menschlich weiterbringt, uns Halt gibt, uns etwas bedeutet und uns sinnvoll leben lässt.

Eine solche Lebensordnung hat viele Säulen. Von Bedeutung für den inneren Halt ist eine Struktur im Leben und auch im Tagesverlauf. Ein geregelter Ablauf, wie z.B.

- Leben nach dem Biorhythmus, mit festen Schlaf-, Arbeits- und Erholungszeiten,
- mit festen Tages- und Jahresrhythmen, mit Ritualen, die Geborgenheit, Entspannung und Lebensqualität bieten,
- die auch Beziehungsqualität, Bindungen ermöglichen. Feste Bindungen an Menschen, Orte, Geistiges geben Halt und Orientierung.

Ordnung ist das Fundament des Lebens. Als Basis gilt ein spirituell-religiöses Ordnungsfundament mit den Ankern von

Glaube, Hoffnung und Liebe.

Alles das ermöglicht auch ein Selbst-Fundament mit
- Selbstvertrauen, Selbstbewusstsein,
- emotionaler Stärke,
- ein Leben in Balance.

Um ein geordnetes und sinnvolles Leben zu führen, brauchen wir ein Gleichgewicht und Kraftzentren in einem geordneten Leben.

> „Glaube nie, wenn etwas schwer erscheint, dass es dir nicht möglich sei, es zu meistern! Wenn etwas irgendeinem Menschen möglich war, dann ist es auch für dich erreichbar. Wage dich deshalb mutig an Dinge, an deren Durchführbarkeit du anfangs zweifelst. Und vertraue auf die Überlegenheit der inneren Kraft über die äußeren Dinge und Umstände."
> **Seneca**

Es liegt an uns, wie wir unser Leben gestalten, für unser Leben kämpfen, ob wir uns glücklich denken und uns immer wieder neu den Herausforderungen stellen.

Das Leben gelingt in einer „Zivilisations-Gesellschaft nur, wenn wir uns auf das Wesentliche, auf eine uns angemessene Lebensordnung konzentrieren.

Wir sollten es nicht anderen überlassen, sondern unser Leben selbstbestimmt gestalten. Deshalb kann derjenige, der jedem Wunsch nachgibt, jede Möglichkeit nutzt, immer stand-by ist, auf Dauer nicht gesund bleiben und glücklich leben, weil er im Teufelskreis der Sucht, der Versuchung gefangen ist.

Sich mehr auf das Wesentliche konzentrieren bedeutet, nur das tun, was Sinn macht, was meine Lebens- und Gesundheitsordnung stärkt. Den Kern des Lebens, das Lebensziel zu leben, meine eigene Entwicklung weiterführen bedeutet, sich nicht ablenken zu lassen von der Oberflächlichkeit des Zeitgeistes, von den verführerischen Konsumgütern, die meiner Gesundheit schaden, und von Informationsfülle aus Medien, die mein Denken und Bewusstsein irritieren. Es kommt im Leben auf die Gesamtschau, die Zusammenhänge und Sinngehalte an, nicht auf Banalitäten und leicht vergängliche, aktuelle Informationen.

Eine Lebensregel könnte lauten: Immer, wenn etwas gelingen soll, braucht es das rechte Maß, das Konzentrieren auf das Wesentliche, das Tragende. Eine solche Tugend des Maßes, der Zivilisationsaskese, d.h. die dazugehörige Mäßigung, ist seit alters her eine Kardinaltugend, ein Dreh- und Angelpunkt einer guten Lebensführung und Gesundheit.

Ordnung bedeutet also, die Mitte zu finden und zu halten und mit den eigenen Kräften und Energien zu verbinden, Balancen zu halten, im Gleichgewicht zu leben. Ist die eigene Person in Ordnung, so kommen auch Familie, Staat und die Welt in Ordnung.

Ordnung als tragendes Element des Lebens

Ordnung ist für den Menschen da. Sie trägt und stärkt uns an Körper, Geist, Seele und Leben. Sebastian Kneipp aus Wörishofen hat eine Ordnungs-Therapie entwickelt. Er sagte: „Als ich daran ging, Ordnung in die Seelen meiner Patienten zu bringen, hatte ich vollen Erfolg."

Ordnung ist ein Grundprinzip des Lebens. Es ist die deutliche Übersetzung des griechischen Begriffs Kosmos. Alles, was aus der Ordnung herausfällt – sei es in der Natur, im Körper, im Geist, in der Seele und im Leben – wird zum Chaos und letztlich zur Krankheit. Krankheit und Lebenschaos bedeuten also Unordnung, fehlendes Abgestimmtsein und innere und äußere Zerrissenheit. Nur die Wiederherstellung der geistigen, körperlichen, emotionalen, gesamtgesellschaftlichen und natürlichen Ordnung fördern im Menschen Stabilität, Halt, Vitalität und Gesundheit. Ein Leben ohne Ordnung fördert Zivilisations- bzw. lebensbedingte Krankheiten. Heilung ist dann Rückkehr zur Ordnung, zur Lebensordnung, zur Körper-Geist-Seelenordnung. „Nicht nur Menschen, die unter einer Depression leiden, empfiehlt man, ihren Tag zu strukturieren" (Gerhard Bauer, Halt doch einfach mal an, München 2012, S. 42).

Doch unser Leben, unsere Freizeit, unsere Arbeit, unser Denken sind bereits vorprogrammiert. Notwendig wäre deshalb, Zeit für mich selbst, für Besinnung und andere Freiräume, für Bestellungen und spirituell-religiöse Praxis zu haben.

Wir brauchen für eine Lebensordnung eine Kultur des Abgestimmtseins, damit wir ausgeglichen leben können und sowohl unsere innere und äußere Ordnung pflegen können. Wir brauchen in der heutigen Lebenssituation vor allem wieder eine geistig-spirituelle Ordnung, die wie folgt gestaltet sein könnte:

Geistig-spirituelle Lebensordnung

1. Kompensation (im Alltag Ausgleich, Balance, Spannungs-, Energie-Balance, Stille finden, abschalten)
2. Mindbalance
3. Kontemplation (Gebet, Meditation, Lesen, Betrachten)
4. Gemeinschaft
5. Auf sich hören (Selbsterfahrung)
6. Hoffnung
7. Spiritualität

6.3 Zivilisationshygiene als Ordnungsprinzip

Um Lebens-, Ernährungs-, Körper-, Geist- und Seelenordnung zu ermöglichen, braucht man die Kraft zur Zivilisationshygiene. Durch eine solche Lebenshygiene, die Konzentration auf Wesentliches, Tragendes, Stärkendes, können wir uns schützen vor Belastungen, Verwirrendem, Krankmachendem. Zivilisationshygiene wird deshalb zu einem körperlich-geistig-seelischen Ordnungsprinzip.

Was bedeutet Zivilisationshygiene?

Lebenshygiene, Zivilisations-Askese

Lebenskunst bedeutet in einer gefüllten, überfüllten Welt auch Hygiene, Auswahl. Alle Möglichkeiten und Gegebenheiten zu nutzen übersteigt unsere Kräfte, zumal viele der Zivilisationsangebote für die Vitalität und Gesundheit negative Auswirkungen haben. Industrielle Nahrungsmittel mit den zahlreichen chemischen Zusatzstoffen, Umweltbelastungen wie z.B. Lärm. Hektik und Tempomentalität sind Lebensrisiken. Notwendig ist deshalb eine Auswahlkompetenz, eine Zivilisationshygiene bzw. Askese. Ich denke, tue und lebe nur das, was mir guttut. (Vgl. Franz Decker, Die Kunst gesund zu leben, Petersberg 2010, S. 68).

Wilhelm Schmid, der Philosoph der Lebenskunst, schreibt in seinem Werk „Schönes Leben", Frankfurt 2005, S. 34:

„Das Subjekt der Lebenskunst muss im Informationszeitalter permanent und zuweilen willkürlich wählen, will es in der Flut der Daten nicht untergehen. Es kann sich hierfür technologischer Hilfe (Suchmaschinen und Metasuchmaschinen) bedienen, aber das „Management" bleibt ihm selbst überlassen. (…) Wenn Information und Kommunikation jedes Maß übersteigen, wird es für die Lebensführung zur Pflicht, sie zu reduzieren und den Raum der Reflexion wiederzugewinnen."

Wir brauchen also in einer Gesellschaft der Komplexität und Überfülle die Fähigkeit der Selektion, der Askese, der Prioritätensetzung, um uns vor Überforderung, Fremdbestimmung und Stress zu schützen. Lebens-Qualität ergibt sich nicht aus der Lebens-Quantität. Eine solche Lebensqualität bezieht sich jedoch nicht nur auf die äußere, materielle Lebensweise, wie z.B. auf vitale Ernährung, ausreichende Bewegung, sondern auch auf die psychisch-emotionale, die seelische Innenqualität, die Selbstbestimmung und die Qualität unseres Selbstbewegtseins.

Lebenshygiene als Gesundheitsziel

Um nicht von den vielen äußeren Aktivitäten und Verlockungen überrannt und überfordert zu werden, brauchen wir Lebenshygiene.

Das Wort „Hygiene" kommt aus dem Griechischen und bedeutet so viel wie „gesunde Kunst", also eine gesunde Lebenskunst. Das Wort führt zurück auf die griechische Göttin der Gesundheit, auf Hygieia.

Lebenshygiene bedeutet daher einen Schutz vor lebens- und gesundheitsstörenden Einflüssen, einen Schutz vor chemischen Zusatzstoffen in der Nahrung, einen Schutz vor Überforderung und Stress, vor Hyperaktivität, aber auch vor bedrückenden emotionalen Eindrücken.

Lebenshygiene bezieht sich daher auf

* die persönliche Hygiene, auf die Förderung von Spannungs-, Aktivitäts-, Energie-, Geist- und Sozialbalance von Körper-, Geist- und Seelenpflege,
* die Lebensmittelhygiene, auf die Förderung einer nativen Ernährungsweise und den Schutz vor chemischen Zusatzstoffen in der Nahrung,
* die Umwelthygiene, auf den Schutz vor Schadstoffen, Strahlen, vor Raum-, Wohnungs- und Ökologiebelastungen.

Lebenshygiene will dazu beitragen, das Schädigende im Leben herauszufiltern und das Wesentliche im Leben mehr zu genießen, um so Lebensqualität und Gesundheit zu fördern. Das lässt sich mit einer modernen Form der Askese vergleichen. Ich tue, denke, fühle nur das, was mir guttut, was mich fördert an Körper, Geist und Seele. Lebenshygiene heißt nicht unbedingt, auf alles zu verzichten, sondern bewusst und selbstbestimmt das auszuwählen, wodurch mein Leben besser wird: bessere Ernährung, bessere Lebensweise, vitaleres Denken.

Wir werden so auf manches Überflüssige und Oberflächliche, auf manches Bedrückende und Belastende verzichten, um dadurch das Wesentliche mehr genießen zu können.

Lebenshygiene fördert so die Lebensfreude, die Erfüllung, erschließt uns über Entspannung und Besinnung die Quellen der Seelenenergie: mehr Zuversicht, Lebenssinn, Orientierung, Wohlbefinden und ein „In-sich-Ruhen".

Konzentration auf das Wesentliche bedeutet in unserer Zivilisation der Überfülle, auch des Zuviels an Oberflächlichem, an Unwichtigem, an Banalitäten, Zivilisationshygiene, nicht nur für eine geistig-seelische Stärkung, sondern auch für mehr Gesundheit und echte Lebensfreude.

Zivilisations-Hygiene

will den von unserer Zivilisation erfassten Menschen mehr seelisch-geistige Balance, mehr psychische und physische Stabilität verleihen und durch eine äußere Distanz und Askese den Weg für eine Innenbetrachtung und Vitalitätsförderung freimachen.

Zivilisations-Hygiene will helfen,
* Zeitnot und Hektik zu reduzieren,
* destruktive Emotionen wie Ängste zu vermeiden,

- negatives Denken, Grübeln, Pessimismus abzuhängen durch eine positive, konstruktive Denkqualität,
- Stressfolgen wie Burnout, Stress-Depression, Erschöpfung vorzubeugen,
- vitaler zu essen, Gesundheit durch Konsumhygiene zu stärken,
- zur Besinnung zu kommen, Lebensqualität statt Quantität und sinnvoll statt sinnlos zu leben.

Die Zuvielisation des heutigen Lebens raubt uns oft unsere Lebensenergie (siehe Test):

Der 60-Sekunden-Energie-Test

Kurztext zur persönlichen Orientierung
Kreuzen Sie Entsprechendes an.

	Ja	Nein
1. Leiden Sie öfters an Müdigkeit?	☐	☐
2. Haben Sie häufiger Kopfschmerzen?	☐	☐
3. Ist Ihr Nacken oft verspannt?	☐	☐
4. Haben Sie Rückenbeschwerden?	☐	☐
5. Sind Sie rasch erschöpft?	☐	☐
6. Fühlen Sie sich oft geistig ausgelaugt?	☐	☐
7. Stehen Sie häufig im Beruf unter Stress?	☐	☐
8. Haben Sie zu wenig Bewegung?	☐	☐
9. Leiden Sie unter innerer Unruhe?	☐	☐
10. Schlafen Sie schlecht und unruhig?	☐	☐
11. Haben Sie öfters Konflikte?	☐	☐
12. Sind Sie anfällig für Erkältungen?	☐	☐

Zur Auswertung

Wenn Sie bei mehreren Fragen mit Ja geantwortet haben, dann sollten Sie Ihre Lebens- und Arbeitsordnung überprüfen und etwas für Ihre Gesundheit tun.

Von der Zivilisations-Hysterie zur Zivilisationshygiene

Wir leben in einer Erregungsgesellschaft. Es sind vor allem die Medien, die Stresswellen erzeugen. Wir werden von Fernsehen, Zeitungen und Rundfunk oft durch Kampagnen permanent unter Sorgenstress gesetzt.

> „Unsere Nachrichtenmedien lassen sich als ein tägliches Menü von Erregungsvorschlägen beschreiben… Die Nation wird quasi zum aktuellen Aufregungsdienst einberufen."
>
> **Peter Sloterdyk, in Focus 10.2012, S. 871**

Mit kritischen, katastrophenähnlichen Meldungen werden die Menschen erregt, ihr Unbewusstes zu einer Stressquelle gemacht. Was in der Presse diskutiert wird, ist „kaum oberhalb der Bagatellebene" (Sloterdyk). Das Subjekt wird erregt und unbewusst manipuliert. Es werden Unsicherheit und innere Zerrissenheit erzeugt. Sorgen, Angst, aber auch Wut und Aggression werden produziert.

Verbale Enthemmungen greifen im Internet um sich. So entstehen vielfältige Enthemmungseffekte.

Wir brauchen deshalb heute ein feuerfestes Ego, eine Zivilisationshygiene bzw. eine Art „Skandalaskese" (Sloterdyk), um eine eigene innere Souveränität zu erhalten, eine Ich-Selbst-Schwäche zu verhindern.

Askese – ein Schlüssel zu einem starken Ich-Selbst

Immer mehr Menschen fliehen vor dem Stress des Lebens, vor privaten Krisen durch einen Rückzug in die Askese, die Zivilisationshygiene. Das scheint ein Schlüssel zu einem stabileren und seinserfüllten Ich zu sein.

Die Formen dieser Askese sind vielfältig:
- Eine Zeitlang Medienfasten, als Schutz vor aufreibenden, widersprüchlichen Informationen mit ihrer kritischen Einstellung und Banalität
- Abkehr von aufreibendem Berufsstress, dem Druck der Arbeit und den Konflikten, dem Psycho-Stress am Arbeitsplatz
- Der Verzicht auf denaturierte, mit chemischen Zusatzstoffen versehene Nahrungsmittel, um so die eigene Gesundheit zu schützen, z.B. durch Heilfasten und Konsumverzicht
- Geistig-seelisches Aufrüsten durch Rückzug, z.B. in ein Kloster auf Zeit

Ein strenger Rhythmus nach den Regeln eines Benediktinerklosters ist der Gegenentwurf zum oft haltlosen, chaotischen Alltag. Solche Oasentage, Kontemplationskurse fördern eine Selbstentwicklung und ein starkes Ich-Selbst.

Eine solche Zivilisationsaskese hilft, zu sich selbst zu finden und damit zum eigenen inneren Wesenskern, zu den persönlichen Bedürfnissen, Lebenszielen, Stärken, aber auch Schwächen.

Solche „asketischen Menschen" erkennen viel schneller die Warnzeichen instabiler Gemütslagen, geistig-seelische Defizite und können entsprechende Stärkungs- und Widerstandskräfte aufbauen und so z.B. einen seelischen Zusammenbruch vermei-

den. Zivilisationsaskese bedeutet dann eine gezielte Auszeit nehmen und sich nach innen wenden. Das kann dann auch zu einer
Lebensänderung führen. Entscheidendes Ziel einer solchen Zivilisationsaskese oder permanenter Hygiene ist es, sein eigenes
Körper-Geist-Seelen-Inneres zu stärken.Hier liegt in Zukunft
der Schlüssel für eine sinnvolle Lebens- und Selbstentwicklung.
So kann eine neue Lebens-Balance entstehen.

> **„Was vor uns liegt und was hinter**
> **uns liegt, ist nichts im Vergleich zu dem,**
> **was in uns liegt. Und wenn wir das,**
> **was in uns liegt, nach außen in die Welt**
> **tragen, geschehen Wunder."**
> **Henry David Thoreau**

6.4 Bring Tiefe in dein Leben

Unser Leben wird oft geprägt von Routine und Oberflächlichkeit. Wir tuen unsere Pflicht tagaus, tagein, oft immer die glei-
che Arbeit. Monotonie schleicht sich in unser Tun. Keine Ab-
wechslung ist vorhanden. Selbst-Gespräche sind standardisiert.
Eingefahren sind auch unser Privatleben, unsere Beziehungen.
Es fehlt der Tiefgang in unserem Leben. Alles spielt sich an der
Oberfläche ab. Unsere Seele, aber auch unser Geist verkümmern. Es fehlen die anregenden Situationen, Gefühle, Erfahrungen. Wir kommen nicht mehr zu uns selbst, können innerlich
nicht mehr aufladen. Unser Akku ist oft leer. Wir brauchen Vielfalt und Tiefe.

Die Tiefe des Lebens zulassen

Tiefe zulassen, im Alltag sich mit Seelenkräften, mit Liebe zur Natur, mit Zuversicht, mit innerem Frieden innerlich aufladen, Lebensvitalität fördern. Ein Mensch ist zufrieden, erfüllt vom Leben, wenn er mit sich zufrieden ist, wenn seine erfüllenden Gedanken, seine Gefühle stärker sind als sein Missmut, seine Bedrücktheit. Davon hängt es ab, ob wir glücklich sein können oder ausgebrannt sind. Es geht nicht darum, viel zu arbeiten, möglichst viel rauszuholen, mit anderen mithalten zu können, mit Auto, Urlaub und Wohlstand und mit äußerem Ansehen. Wichtiger sind die innere Erfüllung und Ausgeglichenheit, Zeit für sich und seine Lieben. Es liegt viel Kraft in der Natur, in der Schönheit von Blumen und Kräutern, aber auch in der Liebe zur entspannenden Musik.

Wer nur noch konsumiert und nicht immer neu innere Kräfte sammelt, z.B. aus Beziehungen, aus Stille, der verliert die Tiefe, die kraftsprudelnden Lebenskräfte aus dem Blick.

Wir brauchen öfters Zeit für das innere Auftanken, Minuten der Stille und Besinnung, des Gesprächs mit Gott für das, was uns in der Tiefe stärkt, was uns Geborgenheit, Vertrauen zum Leben und Hoffnung für ein Weiterleben schenkt. In der Hektik des Alltags, im Trubel, in den Verletzungen unserer Zuvielisation können wir oft nicht mehr erfahren, wer wir sind.

„Es ist das, was einen Tag vom anderen unterscheidet, eine Stunde von der anderen", lässt Antoine de Saint-Exupéry den Fuchs zum kleinen Prinzen sagen. Denn: „Man sieht nur mit dem Herzen gut". Von Saint-Exupéry ist auch das folgende Gebet überliefert:

„Gib uns nicht, was wir uns wünschen, Herr, sondern was wir brauchen!"

Lebensordnung

Hier geht es um die gesunde Lebensführung und Lebensordnung. Beispiele sind die von Hippokrates propagierten Ordnungsprinzipien:

- Sinnvolle Nutzung der Naturfaktoren Licht, Luft, Wasser und Erde und deren Schutz
- Ausgewogener Rhythmus von Bewegung und Ruhe, Arbeit und Muße, Energie- und Spannungs-Balance
- Wechsel von Wachen und Schlafen
- Regelmäßige Entschlackung des Körpers
- Native Ernährung und Trinken
- Emotionale mentale Balance

Emotionen, Gefühle

Dazu gehört die Pflege der Gefühle, Psychohygiene und emotionale Balance und Stabilität, um so die Lebensenergien sinnvoll zu nutzen und Blockaden des Systems aufgrund von Ängsten, Sorgen, Konflikten zu vermeiden.

Geist, Mind

Hier geht es um die Kraft und die Art der Gedanken und Vorstellungen. Gedanken beeinflussen unseren Körper, aber auch unsere Stimmungen und unser Lebensglück. Sowohl die bewussten wie unbewussten Vorstellungen beeinflussen uns, können aber auch programmiert werden.

Seele, das Unbewusste

Die Seele durchströmt uns auf unsichtbaren, unbewussten Energiebahnen und verstärkt die Lebens- und Selbstheilungsenergie von Körper, Geist und Leben. Sie bedarf jedoch der „positiven" Pflege, sonst verkümmert sie und setzt ihren Einfluss aus.

6.5 Lebensregeln geben Halt und Orientierung

Gene und Temperament sowie die geistig-seelische Geburts-Veranlagung reichen nicht, um sein Leben und sich selbst erfolgreich zu meistern. Sie bedürfen einer ständigen Weiterentwicklung und der Fähigkeit, wie gut wir unsere Bedürfnisse und Wünsche erfüllen und unsere Ziele erreichen.

Gerade in der heutigen Zeit, in der unsere Lebensordnung gestört ist, das Chaos, die Multioption unser soziales und gesellschaftliches Leben bestimmt, sind Lebensregeln, Verhaltensgrundsätze, die über das materielle Konsum- und Arbeitsverhalten hinausgehen, wichtig. Solche Grundregeln, Lebensregeln oder Denk- und Verhaltensmuster brauchen wir

- als Richtschnur für die persönliche Selbstentwicklung,
- für das zwischenmenschliche Zusammenleben, eine gelingende Partnerschaft, ob nun privat, gesellschaftlich oder wirtschaftlich.

Lebensregeln finden sich z.B. in allen Weltreligionen, in den chinesischen Weisheitslehren. Die bedeutendsten Lebensregeln finden wir in den 10 Geboten in der Bibel und im achtfachen Pfad des Buddhismus als Basisregelwerk. Auch moderne Psychologen, Theologen, Dichter und Pädagogen geben oft Tipps zur Regelung des Lebens:

> „Wer immer ein Ziel vor Augen hat, um das zu kämpfen sich lohnt, der lebt."
> Oesch

> „Weise Lebensführung gelingt keinem Menschen durch Zufall. Man muss, solange man lebt, lernen, wie man leben soll."
> Seneca

Die zehn Gebote des Christentums

Die zehn Gebote gelten als zentrale Lebensregeln für gläubige Christen. Alle Gebote werden zudem noch in einem Satz zusammengefasst: „Du sollst Gott aus ganzem Herzen lieben und Deinen Nächsten wie Dich selbst" (Matthäus 22,35-40).

Der Text der Zehn Gebote lautet:

Kathechetische Überlieferung
1. Ich bin der Herr, Dein Gott. Du sollst keine anderen Götter neben mir haben.
2. Du sollst den Namen Gottes nicht verunehren.
3. Gedenke, dass Du den Sabbat heiligst.
4. Du sollst Vater und Mutter ehren.
5. Du sollst nicht morden.

6. Du sollst nicht die Ehe brechen.
7. Du sollst nicht stehlen.
8. Du sollst kein falsches Zeugnis geben über Deinen Nächsten.
9. Du sollst nicht die Frau Deines Nächsten begehren.
10. Du sollst nicht das Hab und Gut Deines Nächsten begehren.

Auch außerhalb der christlichen Kirchen werden die zehn Gebote häufig als „ethisches Minimum" begriffen. Das gilt vor allem für die auf die Mitmenschen bezogenen Gebote (ab 4. Gebot). Wenn auch vielleicht in einer zeitgemäßeren Formulierung besitzen die zehn Gebote auch heute noch zentrale Bedeutung. So stärkt der Glaube an einen liebenden Gott die Zuversicht, die Geborgenheit, das Leben im Hier und Heute. Sie fördern mitten in den Krisen unserer heutigen Zeit die Hoffnung, die Lebenskraft, aber auch Harmonie im Alltag und helfen als Wegweiser.

Auch die „Bergpredigt" Jesu (Matthäus, 5-7) stellt eine Vision christlichen Lebens dar. Es klingt für den heutigen modernen Menschen oft unwahrscheinlich , denn den Armen, den Trauernden, den Friedlichen und Friedensstiftern wird das Reich Gottes versprochen.

Andere Lebensregeln

Auch der Dalai Lama empfiehlt Lebensregeln, die sich im Lernweg darstellen. Beispiele sind (nach Internet: Glücksarchiv) folgende Lebensregeln:

- Respekt für dich selbst
- Respekt für andere und
- Respekt (Verantwortung) für alle deine Handlungen

Denke daran, dass etwas, was du nicht bekommst, manchmal eine wunderbare Fügung des Schicksals sein kann.
Wenn du merkst, dass du einen Fehler gemacht hast, unternimm unverzüglich etwas, um ihn zu korrigieren.

Verbringe jeden Tag einige Zeit mir dir selbst.

Begegne Veränderungen mit offenen Armen, aber verliere dabei nicht deine Wertmaßstäbe.

Spezielle Lebensregeln zu einer gesundheitsbewussten Lebensweise stammen von dem chinesischen Weisheitslehrer Lin Yutang:

„Wer auf seine Gesundheit Wert legt, muss
mäßig in seinem Geschmack sein,
die Sorgen von sich weisen,
seine Begierden dämpfen,
seine Gefühle mäßigen,
seine Lebenskraft in Acht nehmen,
mit Worten sparen
vom Erfolg und Misserfolg nicht allzu hoch denken,
Sorgen und Schwierigkeiten verachten,
törichtem Ehrgeiz den Laufpass geben,
überstarke Neigungen und Abneigungen vermeiden,
Gesicht und Gehör mit Gelassenheit gebrauchen
und seiner inneren Diät treu bleiben."
Lin Yutang, Weisheit des lachenden Lebens,
Reinbek 1984, S. 295

> „Denkt nicht mehr an das, was früher war. Auf das, was vergangen ist, sollt ihr nicht achten. Seht her, nun mache ich etwas Neues. Schon kommt es zum Vorschein, merkt ihr es nicht?"
>
> **Aus dem Trostbuch des Propheten Jesaja 43,18f**

In Anlehnung an die heilige Hildegard von Bingen lassen sich Lebensregeln formulieren, die sich auf unsere Alltags- und Gesundheitsweise beziehen:

- Lebensenergie schaffen durch die Elemente Feuer, Wasser, Luft und Erde, durch positive Naturerlebnisse.
- Beim Essen und Trinken auf die Qualität der Lebensmittel achten.
- Bewegung und Ruhe im Gleichgewicht halten. Für Spannungs-, Energie- und Ich-Du-Balance sorgen.
- Schlafen und Wachen im Gleichgewicht halten. Für Nervenkraft sorgen.
- Schadstoffe meiden und diese ausleiten.
- Seelische Abwehrkräfte stärken und Spiritualität fördern.

Persönliche Glaubenssätze als Lebensregeln

Erfahrungen, die mit intensiven Emotionen einhergehen, können sich zu persönlichen Glaubenssätzen entwickeln und unser Verhalten und Deuten beeinflussen. Solche Glaubenssätze sind Überzeugungen, die wie Lebensregeln von innen heraus wirken, denn sie besitzen für uns dann oft eine absolute Gewissheit, was tief in uns verwurzelt ist. Solche Glaubenssätze entstehen in unserem Geist, im Gehirn. Sie werden dort durch innere Bilder, durch Emotionen fest verankert. Viele von diesen verankerten Überzeugungen, z.B. aus der Zeit unserer Kindheit, sind uns nicht bewusst, sie schränken uns oft ein, z.B., wenn wir uns glauben lassen: „Das kann ich nicht". Wir brauchen uns aber damit nicht zu begnügen. Wir können uns positive, aufbauende Glaubenssätze im Zustand der Entspannung durch Mentaltraining verankern, z.B. mein Glaubenssatz: „Es gibt immer einen Weg, egal, was kommt." Dadurch können wir auch in kritischen Lebenssituationen aktiv etwas unternehmen Solche Glaubenssätze geben Halt und Orientierung und verbessern unsere Lebensqualität.

6.6 Statt sich zu sorgen – etwas unbeschwert angehen

„Wenn ihr nicht werdet wie die Kinder, findet ihr keinen Zugang zu Gottes neuer Welt", sagt Jesus. Es ist sicher im Alltagstrott nicht leicht, Kind zu sein, zu staunen über Einfaches, Schönes sich zu freuen – auch an Kleinigkeiten.

Das bedeutet zugleich, in mir Kräfte zu entfalten, die noch brachliegen bzw. verkümmert sind. Offen sein für Lachen und Weinen, für das Zeigen von Gefühlen, von Mitgefühl für das Aussprechen von Bedürfnissen, für das Zeigen von Müdigkeit, wie es Kinder tun, das stärkt unsere emotional-spirituelle Grundhaltung, unsere Natürlichkeit.

> „Den Weg zur Quelle finden jene,
> die ihre Gefühle nicht mehr unterdrücken,
> die mit anderen lachen und weinen –
> ihre Lebenskraft wird Hoffnung verbreiten."
> **Pierre Stutz, 50 Rituale für die Seele, Freiburg 2011, S. 57**

> „Was geschieht, wenn wir uns freuen? Das Herz
> weitet sich. Es entsteht ein Gefühl von Leichtigkeit,
> von Stimmigkeit, von Zustimmung zum Sein. Freude
> bringt die Energie im Menschen zum Fließen."
>
> Anselm Grün, Bleib dem Glück auf der Spur,
> Freiburg 2011, S. 114

So findet das Leben immer wieder Halt und Lebenskraft. Es bedarf dabei jedoch vieler kleiner Schritte in die richtige Richtung.

6.7 Rituale als Stabilitätsfaktoren

Rituale besitzen eine alte Tradition. Sie waren früher gesellschaftlich verankert. Sie schaffen Nischen der Entspannung, des Nichtstuns und der Besinnung, aber auch der Feierlichkeit und des Dankes. Beispiele sind z.B. Gottesdienste, Gebetszeiten, Familienfeste, Erntedankfeste, Karneval, Sonntagsspaziergang oder ein Abschiedsritual. Rituale sind Zwischenzeiten, Besinnungsphasen, immer wiederkehrende Gewohnheiten mit wohltuenden Rhythmen im Alltagsleben.

Mit Ritualen entscheiden wir uns, eine Gewohnheit, eine Denkpause, eine Geste, die sowieso zum Alltäglichen gehört, feierlicher, achtsamer, langsamer, bewusster, besinnlicher zu gestalten, um so zu mehr Kraft und Besinnung zu kommen.

Wenn ich auf den Bus warte, morgens achtsam unter der Dusche stehe, wenn ich in der Schlange im Supermarkt stehe, wenn ich in der Kirche im Gebet vertieft bin und für einen Moment im Alltag meine Augen schließe, kann man die Betriebsamkeit und Hektik des Alltags vergessen und sich neue Kraft und Stabilität holen.

Die großen Religionen feiern bis heute Rituale, wie z.B. Ge-
betsangebote, Gottesdienst, Fastenzeiten, Aschen-Kreuz.

Rituale besitzen Orientierungscharakter

Rituale haben zahlreiche Funktionen. Nicht zuletzt geben sie
dem Tag eine Struktur, führen unser Leben in eine Ordnung,
z.B. durch das morgendliche Duschen, das Morgengebet, die
Mahlzeiten.

Ein Ritual fördert aber nicht nur die Einzelbesinnung, sondern
auch das Gemeinschaftsgefühl, z.B. beim Volksfest, beim Gottesdienst. So werden wir eingebunden in ein Gefühl der Zugehörigkeit.

Rituale fördern also
- die Selbstbesinnung, Selbstbestimmung des Einzelnen,
- die soziale Struktur und das Miteinander
- sowie die Tradition und Konvention des Gemeinwesens.

Sie fördern damit die Gefühle, das Wohlbefinden und die Orientierung des Einzelnen wie auch das Erlebnis der Gemeinschaft.
Sie können auch die Spiritualität des Menschen fördern.

> **„Ein Ritual ist eine heilende Erfahrung, weil die
> Seele als das Lebendige im Menschen (C.G.Jung)
> aufatmen kann und ich meine Erfahrung
> rückverbinden kann (re-ligeré) an Gott, die Quelle
> des Lebens."**
>
> **Pierre Stutz**

Fehlende Rituale in der modernen Zivilisation

Wir orientieren uns heute immer weniger an althergebrachten Ritualen, weil wir in einer dynamischen, aufgeklärten Zeit leben, die immer weniger vorgegebene Lebensrhythmen und feste Ordnungen und Strukturen kennt.

Im 21. Jahrhundert glauben wir, es wäre sinnvoller, selbst zu entscheiden, wann, was, wie wir essen, wie wir leben und unseren Sonntag gestalten, wann wir eine individuelle Besinnungspause machen wollen. Gemeinschaftliche Rituale sind in einer selbstbestimmten, ego-zentrischen Zivilisation selten geworden. Wir fasten z.B. nur noch selten in der christlichen Fastenzeit, sondern dann, wenn wir es wollen. Das führt oft zur Vereinzelung oder gar zur Vereinsamung.

Momente der Besinnung, der Ruhe, Entspannung und der Feier waren ehemals gesellschaftlich gewährleistet. Deshalb fehlen sie heute zunehmend, z.B. die Sonntagsruhe aufgrund von Schichtarbeit und Freizeitstress. Wir sind also vielfach selbst dafür verantwortlich,

* wenn wir unsere Zeit einteilen,
* wann wir entspannen, besinnen, uns Ruhe gönnen,
* wann wir unsere eigenen Rituale pflegen.

Die Selbstfürsorge und Fürsorge für andere gehen dabei oft verloren. In unserer modernen Kultur gibt es deshalb kaum Verbote, wie z.B. Speiseregeln in der Fastenzeit. Andererseits bestimmen die durch Medien hochgespielten Regeln unser Leben zunehmend, weniger unsere Tradition und die Religionen.

Dienten früher die Rituale der gemeinschaftlichen Orientierung und gaben Halt, besonders in Krisenzeiten und Phasen des Übergangs, so führen sie heute – wenn überhaupt – eher zu einer Absonderung des Einzelnen vom hektischen, stressreichen Alltag. Die Alltagsrituale besitzen heute oft eine ganz pragmatische Funktion, werden zur Routine, z.B. mein morgendliches Müsli, die Morgengymnastik. Solche modernen Rituale besitzen dann oft keinen spirituellen, metaphysischen, heilenden Charakter mehr. Wir feiern nicht mehr feierliche Zeremonien, sondern mehr funktionale Gewohnheiten. Es fehlt oft die entspannende, meditative Erneuerung.

Graf Dürckheim sagte einmal, dass die rechte Stille, nach der sich die Seele sehnt, mehr sei als nur das wohltuende Fehlen von Lärm und Hektik, der alltäglichen Überforderung und des Stresses, sondern gleichbedeutend sein sollte mit der Erfahrung eines erfüllten, sinnvollen Lebens.

7. Stehauf-Mentalität als Lebenskraft (Resilienz)

> „Das, was du bist, hängt von drei Faktoren ab – von deinem Erbe, von deiner Umgebung und davon, was du in freier Wahl aus deinem Erbe und deiner Umgebung gemacht hast."
>
> **Aldous Huxley**

> „Federn lassen und dennoch schweben – das ist das Geheimnis des Lebens."
>
> **Hilde Domin**

7.1 Krisen, Widerstände als Chancen sehen

Krisen, Widerstände, Herausforderungen gehören zum Leben. Die Kunst ist dabei: eventuell „Federn zu lassen und dennoch zu schweben" oder gar gestärkt aus Krisen hervorzugehen aufgrund der eigenen inneren Kräfte, der Resilienzhaltungen, der eigenen Denk- und Verhaltensmuster.

Bestimmte Menschen werden besser mit Krisen, Niederlagen, Trennungen und Misserfolgen fertig als andere. Neue Forschungsergebnisse belegen, diese Menschen verfügen über Fähigkeiten, über Grundhaltungen, die mit Resilienz bezeichnet werden.

Mit Resilienz bezeichnet man die Fähigkeit eines Menschen, trotz widriger Umstände, Niederlagen, Krisen und Krankheiten immer wieder neu anzufangen. Resilienz ist ein Kraftfeld für innere Stärke, für Widerstandskräfte, die helfen, mit dem Leben besser fertigzuwerden. Diese Resilienzkraft besteht aus sieben Grundhaltungen.

Sieben innere Stärken (Resilienzfaktoren)

- **Positive Lebenseinstellung, Optimismus**
  Krisen, Hürden werden nicht als Hindernisse, sondern eher als Chancen gesehen. Optimisten sehen das Leben realistisch. Für sie sind aber negative Ereignisse grundsätzlich etwas Befristetes, etwas, auf das sie im Verlauf Einfluss haben. Die 100 Milliarden Nervenzellen in unserem Gehirn sind lernfähig. Je mehr Erfahrungen wir neu denken, uns vorstellen, desto positiver denkt unser Gehirn. Wir können unseren Optimismus bewusst fördern, z.B. durch Vorstellung unserer Wunschzukunft und von glücklichen Situationen.

- **Das Geschehen akzeptieren**
  Nach einer ersten Schock- bzw. Trauerphase das Geschehene akzeptieren und sich fragen, was man in dieser Situation machen kann. Wie kann man sein Leben in die Hand nehmen und weiterentwickeln?

- **Lösungen suchen und finden**
  Es gibt immer einen Weg. Welche möglichen Lösungen helfen weiter? Welche eigenen Stärken und Fähigkeiten habe ich? Welche Ziele sind wichtig?

- **Aufstehen, weiterdenken, weitergehen**
  Resiliente Menschen beginnen schrittweise weiterzudenken, sich neu zu orientieren, anders über die Situation zu denken,

nach vorne zu schauen, die Gefühle wieder in Balance zu bringen.

- **Autonomie, Verantwortung übernehmen**
  Den eigenen Anteil an der Krise einschätzen. Selbstverantwortung übernehmen, die Ursachen – wenn möglich – ändern und sein Leben neu gestalten.

- **Freunde haben, Expertenrat nutzen**
  Bei aller Selbsthilfe können auch Freunde, Experten, Therapeuten weiterhelfen, neue Wege zu gehen. Auch Selbsthilfegruppen sind von Nutzen.

- **Zukunft gestalten**
  Sich vor künftigen Wechselfällen des Lebens schützen, vorbeugen. Wie sieht mein Leben in Zukunft aus, wie kann ich vorsorgen?

> **„Die Zukunft sollte man nicht vorhersehen wollen, sondern möglich machen."**
> **Antoine de Saint Exupéry**

Die Kraft der schönen Erinnerung nutzen

Die Kraft der schönen Erinnerung, einer Wunschzukunft, gibt uns innere Stärke und Mut in stressigen Zeiten. Je intensiver wir ein Ereignis, ein inneres Bild empfinden bzw. uns vorstellen, desto besser ist es in unserem Gehirn verankert – das gilt für positive wie negative Erinnerungen bzw. innere Bilder. Voraussetzung für das Aktivieren von solchen Bildern ist ein Zustand der Entspannung. Unter starker Anspannung arbeitet unser Gehirn nicht richtig. Kleine Pausen können helfen, sich zu entspannen, z.B. einen Augenblick genießen. Legen Sie sich ein positives Bildarchiv an, sammeln Sie schöne Eindrücke und lenken Sie die Aufmerksamkeit auf die schönen Dinge des Lebens. Hinschauen, einen Moment innehalten, entspannt einatmen und schon hat unser Gedächtnis ein schönes Bild abgespeichert. Es kommt dabei auf die Aufmerksamkeit und Konzentrationsfähigkeit an, die viele Menschen jedoch erst wieder lernen müssen.

Eine Möglichkeit, sich schöne Erinnerungen ins Gedächtnis zu rufen, ist auch, seine eigene Lebensgeschichte durchzugehen und positive Ereignisse zu suchen und zu visualisieren (Time line). Suchen Sie nach Situationen, wo etwas gut gelaufen ist. Alles das sind innere Stärken, kraftvolle Situationen, die uns Halt, Zufriedenheit und inneren Frieden geben. So entsteht eine Widerstands- und Stehauf-Mentalität.

7.2 Resilienz = Stehauf-Mentalität

Resiliente Menschen verfügen über eine Stehaufmentalität. Zehnmal hinfallen und elfmal wieder aufstehen lautet die Devise. Ihre geistig-seelischen Kräfte helfen ihnen dabei.

> „Mut steht am Anfang des Handelns, Glück am Ende."
> **Demokrit**

> „Wenn Sie mit irgendeiner Arbeit oder Erfüllung eines Wunsches, aber auch mit der Lösung von Problemen, mit der Bewältigung von Angst und Sorgen Erfolg haben wollen, konzentrieren Sie alle Ihre positiven Kräfte – also Ihre Gedanken – auf das eine Ziel!"
> **Emil Coué**

Steigende Belastungen des Lebens ausgleichen

Angesichts der zunehmenden Lebensdynamik, der Vielfalt von Veränderungsanlässen, von Krisen und notwendigen Lebensumstellungen, von Belastungen, die zu Burnout und Depression führen können, ist diese Ausgleichsfähigkeit aufgrund der Resilienz-Grundhaltung von zentraler Bedeutung für die Lebens-Balance und die Gesundheit.

Viele Menschen reagieren bei solchen Problemen und Hindernissen hilflos, weil sie nicht die Kraft aufbringen, mit dem Problem fertig zu werden oder sich aufzuraffen für eine Lösung.

Carl Gustav Jung deutete die tieferliegenden Kräfte an, indem er sagte:

„In unserer Naivität haben wir vergessen, dass unter unserer Welt der Vernunft noch eine andere begraben liegt."

Deshalb haben wir die Fähigkeit, immer wieder neue Lösungen für Probleme zu finden, in unserem Gehirn eine geistig-seelische Software und Programmierung anzulegen, sie zu trainieren und im Bedarfsfall zu nutzen. (Resilienzfähigkeiten).

Ein solches Resilienzpotential hilft uns, bei Hindernissen im Leben Durchhaltevermögen an den Tag zu legen und die Fassung nicht zu verlieren.

Dadurch kann es gelingen, eine Homöostase, also ein inneres Gleichgewicht in Körper, Geist und Seele, auch unter schwierigen Bedingungen, aufrechtzuerhalten. Dabei gilt:

Unser Leben ist wie ein Segelschiff, das Wind und Wetter ausgesetzt ist.

Unser Bewusstsein ist wie der Kapitän des Schiffes, unser Unterbewusstsein wie der Wind, der die Segel füllt.

Wir haben die Aufgabe, den Wind zur Weiterfahrt zu nutzen und die Segel richtig einzustellen, d.h. die richtigen Strategien zu entwickeln.

7.3 Stehauf-Mentalität lernen

Solche wirksamen Strategien gegen Hindernisse und Krisen zu lernen kann durch eine reflektierte Lebenserfahrung und eine geistig-mentale Regulation erfolgen.

Das bedeutet im Einzelnen durch
- Mentaltraining (Visualisieren, vorausschauende Denk- und Handlungsperspektiven (Reframing) und mentale Umstellung, Lösungsorientierung).
- Lernen von Vorbildern.

Es lassen sich folgende Wege zu einer solchen resilienten Lebens- und Überlebensstrategie wie folgt zusammenfassen.

Wege zum Aufbau und zur Stärkung der Stehauf- und Widerstands-Mentalität
1. Sich geistig-seelisch entwickeln und programmieren (Mentaltraining)
2. Krisen, Probleme als Herausforderung und Chance sehen, sich Lösungen, Auswege vorstellen
3. Ziele und Zielvorstellungen anstreben und visualisieren
4. Soziale Beziehungen und Unterstützung pflegen

5. Bewusst und aktiv leben, sich verändern, umdenken, umfühlen, anders verhalten
6. Ein Positiv-Selbstbild von sich entwickeln (Stärken, Haltungen, Glaubenssätze)
7. Optimistisch und zukunftsorientiert denken und handeln
8. Entspannt leben und Lebensqualität pflegen
9. Alles beginnt im Kopf. Gehirn und Mind schützen, pflegen und stärken (Mindfitness)
10. Spirituelle Kräfte mobilisieren, z.B. Glaube, Hoffnung, Liebe

So kann ein Balanceakt immer wieder neu geschaffen werden und das eigene Leben bzw. das von und mit anderen Menschen erleichtert und verschönert werden. Wir können dadurch mehr Lebensfreude, Dankbarkeit und Sinnhaftigkeit finden sowie uns und unser Leben stabilisieren.

8. Das Leben mehr beseelen

Sowohl der Geist, unsere inneren Bilder als auch die Seele geben uns Sinn- und Orientierungsperspektiven.

8.1 Geist und Seele sind blockiert und eingetrübt

Da aber bei vielen Menschen Geist und Seele überlastet, blockiert sind, können sie oft keine Sinn- und Orientierungssignale aufnehmen, sind sie innerlich leer, ausgebrannt und erschöpft. Man spricht deshalb vom erschöpften Selbst, einer neuen Zeitkrankheit. Der erschöpfte Mensch kann sich z.B. aufgrund seiner inneren Leere nicht mehr freuen und verfällt oft in die Depression, in einen seelenlosen Zustand, eine Art Apathie, ein Unlustgefühl, ein Ausgebranntsein. Diese neue Zeitkrankheit beschreibt Michael Ende in seinem Märchen-Roman „Momo" (1973, S. 39):

DIE NEUE ZEIT-KRANKHEIT: LEBEN OHNE SEELE
Der Lebensstil macht die Seele krank

Momo starrte Meister Hora fassungslos an. Leise fragte sie: „Und was ist das für eine Krankheit?"
„Am Anfang merkt man noch nicht viel davon.
Man hat eines Tages keine Lust mehr, irgendetwas zu tun. Nichts interessiert einen, man ödet sich an. Aber diese Unlust verschwindet nicht wieder, sondern sie bleibt und nimmt langsam immer mehr

zu. Sie wird schlimmer von Tag zu Tag, von Woche zu Woche. Man fühlt sich immer missmutiger, immer leerer im Innern, immer unzufriedener mit sich und der Welt. Dann hört nach und nach sogar dieses Gefühl auf, und man fühlt gar nichts mehr. Man wird ganz gleichgültig und grau, die ganze Welt kommt einem fremd vor und geht einen nichts mehr an. Es gibt keinen Zorn mehr und keine Begeisterung, man kann sich nicht mehr freuen und nicht mehr trauern, man verlernt das Lachen und das Weinen. Dann ist es kalt geworden in einem und man kann nichts und niemand mehr lieb haben. Wenn es einmal so weit gekommen ist, dann ist die Krankheit unheilbar. Es gibt keine Rückkehr mehr. Man hastet mit leerem, grauem Gesicht umher. Diese Krankheit heißt: Die tödliche Langeweile."

Es ist eine Krankheit der Geist- und Seelenlosigkeit. Wir sind nicht mehr bei uns zu Hause. Wo sind wir zu Hause? Phil Bosmans gibt die Antwort: „Wo wir Wärme und Geborgenheit finden, wo Vertrauen zueinander herrscht, liebevolle Sorge füreinander, wo jeder für jeden ein Herz hat."

Die menschliche Seele wird durch den modernen Zeitgeist eingetrübt und verliert dadurch ihre Orientierungs- und Vitalitätskraft. Das zeigt folgendes Fallbeispiel:

Fallbeispiel

Ingo Stewer, 52, verheiratet, 2 Kinder, beruflich sehr angespannt, arbeitet als Abteilungsleiter im Großbetrieb. Er ist einem großen Arbeitsdruck ausgesetzt. „Ich tue meine Pflicht

– mehr nicht. Zum Glück merkt niemand, dass mein Arbeits-
stress mich zu einem ausgebrannten Perfektionisten gemacht
hat. Meine Freude an der Arbeit ist mir abhandengekommen,
selbst wenn ich erfolgreich ein Projekt abgeschlossen habe. Es
bleibt kaum noch Zeit zum Denken, zum Besinnen, ob das alles
o.k. ist. Mein Tagesablauf lässt mir keine Zeit für mich, noch
nicht mal zum Mittagessen in Ruhe. Mein Geist arbeitet nur
noch mechanisch. Gefühle empfinde ich nicht mehr – so wie
beim Computer. Wenn ich abends spät nach Hause komme, bin
ich kein Mensch mehr. Meine Seele ist mir abhandengekommen.
Wie lange geht das noch so weiter mit mir?"

Es ist deshalb wichtig, unserem Seelenleben und damit Geist
und Psyche mehr Beachtung zu schenken, damit uns mehr Halt,
Orientierung und Gesundheit ermöglicht werden.

Die Seelenkraft stärkt uns in der Lebensbewältigung

- Seelenkräfte geben frische und neue Energien.
- Seelenkräfte heilen und trösten.
- Seelenkräfte helfen Hürden zu überwinden.
- Seelenkräfte führen in die Balance.
- Seelenkräfte machen aus mir einen freundlichen, einfühlsa-
  men Mitmenschen.

8.2 Der Seele Halt geben

Wissen Sie eigentlich, wie es momentan um Ihre Seele bestellt ist? Gibt Ihnen Ihre Seele Halt, eine Perspektive, zeigt sie Ihnen den Weg in ein erfülltes, sinnvolles Leben?

Wer erschöpften Menschen begegnet, stellt immer wieder fest: Sie sind oft resigniert, mutlos, ja oft leb- bzw. seelenlos, atemlos. Ihnen fehlen die inneren Antriebsquellen. Sie sprechen davon, dass sie Zeit zum Atemholen, Zeit für sich brauchen, um neue Hoffnung zu schöpfen, um von Lebensfreude erfasst zu werden.

Offensichtlich sind die Quellen der Seelenkräfte verschüttet, versiegt. Das, woraus wir in der Regel leben, gibt plötzlich nichts mehr her. Viele Menschen fühlen sich leer, ausgetrocknet, sind nicht mehr spontan, schöpferisch, sie spüren sich selber nicht mehr, sind ausgelaugt, ausgebrannt (burn-out), vom Leben überfordert, depressiv, vom Druck der Überforderung erdrückt.

Diese Menschen brauchen seelische Kräfte, Lebensenergie, Lebensfreude. Dazu ist es notwendig, die Seele baumeln zu lassen, sie im Alltag zu erfrischen. Es ist jedoch mehr als Entspannung und Erholung, was unsere Seele erfrischt und erfreut, was uns wieder Frische und Lebendigkeit verleiht. Wir brauchen Zeit und Regelmäßigkeit, um aufzutanken, den Akku aufzuladen. Immer wieder, denn die geladene Batterie ist in unserer überfordernden Zeit schnell leer.

Das Verständnis von Seelen-Quellen

Doch die Quellen, unsere Seelenkräfte, sind oft unter einer dicken Lebens-Erd-Kruste verborgen. Sie müssen erst freigeschaufelt werden. Auch psychotherapeutische Verfahren wie Verhaltens- und tiefenpsychologische Gesprächstherapie reichen nicht aus. Seele ist kein Organ, nicht identisch mit dem Körper und der Psyche. Die Seele ist vielmehr ein enormes, unbegrenztes, sogar unbewusstes Feld von Energie und Bewusstsein, die mit unserem Geist, unseren Gefühlen, aber auch mit außergewöhnlichen und unbewussten Energien, mit Glaubenskräften, mit Vorlieben, Gewohnheiten, Glücksmomenten, mit Freude und Liebe verbunden ist. Was die Seele ist, lässt sich so einfach nicht beantworten.

Viele Traditionen benutzen zur Veranschaulichung der Seele das Bild der Welle im Meer. So wie eine Welle ein kleiner Teil des Meeres ist, so ist auch die Seele Teil des Lebens und des Kosmos, des Geistes, des Unbewussten und Überpersönlichen. So wie unser Unbewusstes Teil von jedem Einzelnen ist, aber zugleich auch Teil der Lebens-, Natur- und übernatürlichen Energie, so auch unsere Seele. Die Quellen seelischer Kraft sind also vielfältige, feinstoffliche Energiefelder. In der griechischen Philosophie (um 600 v. Chr.) wurde Seele mit Atem in Verbindung gebracht. Ohne Atem kein Leben. Atem ist wie Seele das belebende Prinzip von Pflanzen, Tieren und Menschen. Ohne Seele kein Lebensgefühl, keine Lebensfreude, ohne Seelen-Kräfte können wir uns selbst und unsere Lebendigkeit nicht mehr spüren. Wir leiden unter einer trostlosen Leere. Manche glauben dann, sie hätten ihre Seele verloren, ihren Glauben an sich und das Leben. Ihnen sind die Hoffnung und Liebe zu sich und anderen verlorengegangen.

Wir brauchen also Quellen seelischer Kraft, um im Meer des Lebens erfüllt zu sein, um gesund und voller Energie zu leben.

8.3 Persönliche Seelenkräfte mobilisieren

Durch unsere materielle Außenorientierung, unsere Geist- und Seelenlosigkeit fehlen uns die Heilkräfte der Seele, die uns Ausgeglichenheit, innere Stärke und Halt geben könnten.

Zu den wichtigsten Seelenkräften gehören z.B. Lebensfreude, Zuneigung, Geborgenheit, Zuversicht, aber auch Glaube, Hoffnung, Liebe.

Ziel muss es sein, unsere Seele, unseren Geist kraftvoll zu nähren und unsere Lebensweise zu verbessern. Wir werden zum aktiven, natürlichen Lebensgestalter, um so unser Lebens-Gleichgewicht zu finden und zu halten (Mind-Body-Life-Coaching). Das kann durch persönliche Lebens-Pflege geschehen.

Den Alltag neu be-seelen

Moderne Forschungen belegen, dass z.B. Immunstörungen nicht primär auf Körperebene entstehen, sondern dass das Immunsystem von Empfindungen, Fühlen und Denken beeinflusst wird.

Negative seelische Befindlichkeiten, wie Depression, Ängste oder Einsamkeit, wirken sich hemmend auf das Immunsystem aus. Lebensfreude, Gelassenheit, Fröhlichkeit und Liebe fördern dagegen die Abwehrkraft.

Diese Beziehung zwischen Seelenleben und Selbstheilungskraft zeigt, wie wichtig es ist, die Lebensqualität sowie Geist und Seele zu fördern (vgl. Jörg Tacke, K. Deutschländer, Der Quanten-Mediziner, München 2011, S. 93). Es ist deshalb auch wichtig, das Alltagsleben aktiv zu beseelen, die Gesundheit zu fördern und dem Leben mehr Qualität zu geben.

Zusammenfassend lässt sich sagen: Geist und Seele sind wie ein Navigationsgerät. Viele Menschen finden mit zunehmender Erfahrung, mit einer verstärkten Spiritualität Kraft, auch körperliche Schwächen zu überwinden bzw. zu ertragen. „Dein Glaube hat dir geholfen" und dein Geist gibt dir die Kraft für Glaube, Hoffnung und Liebe und ein erfülltes Leben. Hier liegen die primären Kraftquellen. Wichtig ist deshalb, diese geistig-seelischen Kraftquellen zu pflegen und zu nutzen. Dadurch

- können wir uns besinnen, uns Richtung geben,
- nach Lebenskraft und Sinn suchen,
- unser Leben in Balance halten,
- uns gesund und vital denken,
- Belastendes umdenken und
- Neues programmieren.

Mehr besinnliche Oasen im Alltag finden

Ein Leben, das uns Zeit lässt für Freude, für Bäume und Blumen, für Begegnungen mit netten Menschen, für Musik und Muße, für ein paar besinnliche Oasen und Zeitinseln, stärkt unsere Seele und damit körperliche, geistige und emotionale Vitalität und Gemütlichkeit.

In unserer hektischen, stressigen Zivilisation sind diese kleinen besinnlichen Oasen und Zeitinseln, die uns seelisch-geistiges Gleichgewicht bringen, vom Aussterben bedroht. Wie können wir sie wieder zum Leben erwecken?

Unser Alltag erhellt sich, unsere Seelenenergie fließt wieder, wenn wir die Kraft zum Stress-out, zum „Leerlauf" aufbringen und uns z.B. an einem Sonnenuntergang erfreuen, unser Tun genießen, eine Blüte bestaunen können oder uns ganz ohne Abschweifung in das Gespräch mit einer Freundin vertiefen können. Sich diesen kleinen, erfüllenden Momenten hinzugeben, schenkt uns mehr Lebendigkeit, Ausgeglichenheit und Vitalität. Unsere Seele braucht Besinnung, Hingabe, Freude, sinnerfülltes Leben, ja Glück. Das folgende Konzept zeigt uns Wege dazu auf (Franz Decker, Medizin für die Seele, Petersberg 2011).

Um dem Alltag neue Seelenkraft und Freiraum zu geben, eignen sich folgende Denk- und Verhaltensweisen:

Komm zu dir – nimm dir Zeit für dich.
- Entschleunige dein Leben
- Mit Freude und Leichtigkeit leben
- Lebe den Augenblick
- Genieße, was ist
- Pflege deine Tagesordnung
- Positive innere Kräfte fördern

So lässt sich der Alltag entspannter, energievoller, mitfühlender und bewusster erleben.

Einen neuen Lebensstil finden

Der neue Lebensstil erhebt uns über das Materiell-Erdenhafte in die Sphären des geistig-seelischen Lebens. Das materielle Leben wird angefüllt und erhöht durch einen Lebensstil des Gutfühl-Seins, eine innere Seelen-Qualität.

8.4 Achtsamkeit als Weg zur inneren Stärke

Viele Menschen gehen unachtsam, unbekümmert durch den Alltag. Sie fragen nicht: „Was tut mir gut? Wer oder was könnte mir
„gefährlich" werden? Wovor sollte ich mich schützen? Wer oder
was machen mich stark?"

Achtsam leben bedeutet, sich bewusst zu sein, was im Hier und
Jetzt – im Innern wie im Äußeren – geschieht, und zu bemerken,
ob es für einen selbst gut oder schlecht ist, ob es die Gesundheit
fördert oder krank macht.

Die vier Ziele der Achtsamkeit

Mit Hilfe von Achtsamkeit lassen sich vier Ziele verwirklichen:
*   Bewusste Steuerung der Aufmerksamkeit mit dem Ziel, sich
    auf das Wesentliche zu konzentrieren
*   Auf das Gegenwärtige achten
*   Das, was geschieht, auch akzeptieren
*   Innerliches Beobachten fördern

Solche Achtsamkeit ist in unserer dynamischen, ereignisreichen,
oberflächlichen Zeit oft verlorengegangen. Wir werden über-
schwemmt mit Eindrücken, Informationen und können uns nicht
mehr konzentrieren. Der Blickwinkel ist dann oft nur auf das äußere Geschehen gerichtet. Die innere Selbstbetrachtung kommt
dabei zu kurz, z.B. Fragen wie „Was tut mir gut? Wo liegt meine
Belastungsgrenze? Wo liegen meine Stärken, die ich pflegen und
schützen soll?" Mit so einer konzentrierten Aufmerksamkeits-
lenkung lassen sich die inneren Stärken verbessern. Achtsamkeit ermöglicht, bewusst zu entscheiden, was mich stärkt und

was mir Energie bringt. Die folgende Geschichte verdeutlicht das Gesagte:

> **Ein alter weiser Indianer sitzt mit seinem Enkel am Lagerfeuer. Der Großvater sagt zum Enkel: „Weißt du, in jedem Menschen kämpfen zwei Wölfe. Einer ist selbstsüchtig, nachtragend, aggressiv. Der andere ist liebevoll, sanft und mitfühlend." Der Enkel fragt dann: „Und welcher von beiden gewinnt?" Der Großvater antwortete: „Der, den du mehr fütterst."**

Bei dieser Geschichte handelt es sich um eine zentrale Lebensfrage: „Welchen Wolf füttere ich? Wohin lenke ich meine Aufmerksamkeit? Was kultiviere ich in meinem inneren Selbst, was in meinem Umfeld?" Achtsam leben und sich bewusst für den guten Wolf entscheiden, stärkt uns innerlich und äußerlich.

> **„Das Leben hat keinen Sinn außer dem, den der Mensch ihm gibt, indem er sein Potential entfaltet und konstruktiv lebt."**
> **Erich Fromm**

Grundsätze für einen Lebensstil des seelischen Gleichgewichts

1. **Sich Phasen der Erholung und Entspannung gönnen**
2. **Öfters auf sein Herz und seine Seele hören,**
   denn das Herz hat seine Gründe, von denen der Verstand nichts weiß. (Blaise Pascal)
3. **Sich an der Gegenwart und ihren Schönheiten erfreuen**
4. **Stets im eigenen Inneren nach einer Antwort suchen**
   „Lass dich nicht von den Menschen in deiner Umgebung

beeinflussen – weder durch ihre Gedanken noch durch ihre Worte." (Eileen Caddy)

5. **Auf sich selbst stolz sein können**

6. **Indem du anderen etwas Gutes tust, heilst du dich selbst,** weil eine Dosis Freude ein geistiges Heilmittel ist. Es überwindet alle Hindernisse. (Ed Sullivan)

7. **Was du säst, wirst du ernten –**
   „Wenn du geliebt werden willst, liebe und sei liebenswert." (Benjamin Franklin)

8. **In wesentlichen Fragen des Lebens auf die Stimme der Seele und der Intuition hören.**

9. Tugenden und Werte als Kompass für ein gutes Leben

Jeder Mensch will irgendwie gut und sinnvoll leben. Werte können dabei hilfreich sein. Sie geben Orientierung. Viele solcher Werte, die das Leben beeinflussen, sind alte Lebensweisheiten und mitunter religiöser Art. Sie geben unserem Leben ein Wozu.

Werte sind so etwas wie Haltungen, Tugenden, Verhaltensweisen, Werkzeuge, die dem Leben dienen, dass es gelingt. Sie helfen, gut mit den Kräften des Lebens umzugehen.

9.1. Werte, Tugenden, Werkzeuge guter Lebenskunst

Die Theologen Karl Rahner und Bernhard Welte haben 1979 ein Buch herausgegeben mit dem Titel: „Mut zur Tugend. Von der Fähigkeit, menschlicher zu leben". Sie machen darin einen Gegenentwurf zu Robert Musils (1880-1942) Hauptwerk „Der Mensch ohne Eigenschaften". Ein solcher Mensch ohne Eigenschaften, ohne Charakter kann nicht helfen, das Leben sinnvoll zu gestalten. Tugenden sind für Karl Rahner nichts für „müde Relationisten" oder „schwere Fanatiker". Tugenden und positive Wertvorstellungen wachsen aus der freien Entscheidung der Menschen zum Guten.

9.2 Werte als Früchte des Geistes

Es gibt eine Vielzahl von Tugendkatalogen. In den neutestamentlichen Briefen des Paulus finden sich an mehreren Stellen Listen von Tugenden.

- Im 1. Korintherbrief (13,13) nennt Paulus Glaube, Hoffnung und Liebe.
- Im Galaterbrief (5,22-23) werden genannt: Liebe, Freude, Frieden, Langmut, Freundlichkeit, Treue und Selbstbeherrschung. Paulus nennt sie „Früchte des Geistes".
- Im Epheserbrief (4,2-3) mahnt Paulus aus dem Gefängnis in Rom die Gemeinde in Ephesus:

> **„Seid demütig, friedfertig und geduldig,**
> **ertragt einander in Liebe und bemüht**
> **Euch, die Einheit des Geistes zu wahren,**
> **durch den Frieden, der Euch zusammenhält."**

Ein solcher Katalog von Tugenden könnte uns gerade in heutiger Zeit sehr hilfreich sein und für eine bessere Lebens- und Geistesqualität sorgen. Sie könnten unserem heutigen pluralen, egozentrischen und konfliktreichen Leben eine lebendige Ordnung ermöglichen, die uns Halt und Orientierung gibt.

9.3 Kardinaltugenden als Bilder menschlichen Richtigseins

Der Münsteraner Philosoph Josef Pieper (1904 – 1997) betonte ein Viergespann menschlicher Grundhaltungen:
- Klugheit

- Gerechtigkeit
- das rechte Maß
- Tapferkeit

Moderne Klugheit bedeutet heute nicht nur, vieles zu wissen, Dinge schnell zuzuordnen, Intellektualität, sondern auch Verantwortung für die Anwendung, für das Gute. Klug ist, was dem Leben guttut. Klug ist, wer Werte auf die konkrete Lebenssituation anwendet.

„Der Klugheit geht es um den Weg durch die Realität zum Ziel, das Gute und ‚Wahre in allem". (Johanna Domek, Kompass für ein gutes Leben, Münsterschwarzach 2012, S. 38).

Gerechtigkeit

Es geht heute oft nicht gerecht zu in unserer Welt. Es geht darum, Gerechtigkeit als mitmenschliche Dimension zu sehen, jedem Menschen die Chancen zur eigenen Enfaltung zu geben, wenn das nicht möglich ist, ihm Unterstützung durch die sozialen Institutionen zu geben.

Das rechte Maß

Damit das Leben gelingen und gesund wachsen kann, brauchen wir das rechte Maß, eine Balance zwischen Spannung und Entspannung, zwischen Energieverbrauch und Energiegewinnung, zwischen Ich und Du. Weder dauernde Unterforderung noch dauernde Überforderung ist menschenwürdig. Zu wenig Liebe, zu viel Liebe, zu wenig Stress, zu viel Stress, zu wenig Regen und Sonne und zu viel Regen und Sonne stören die Lebens-Balance.

Tapferkeit

Das Gute setzt sich nicht von selber durch, sondern braucht den tapferen Einsatz, ein bewusstes Kämpfen um das Gute und Sinnvolle, um das Standhafte. Tapferkeit bedeutet weder Draufgängertum noch Furchtlosigkeit. „In ihr ist die Geduld gepaart mit Hoffnung, Einsatzbereitschaft und mutigem Selbstvertrauen, das vom Guten nicht lässt, vom Mainstream nicht weggeschwemmt wird… und sich nicht falschen Göttern beugt" (Johanna Domek, a.a.O., S. 41). Tapferkeit ist heute, bei einem dominanten Zeitgeist, bei zu viel Außengeleitetsein, hoch aktuell.

9.4 Neubesinnung statt Nihilismus

Es war Friedrich Nietzsche, der im 19. Jahrhundert auf die Zeitenwende hinwies und von der Umwertung aller Werte sprach. Er führte uns das Schreckensbild des Nihilismus vor Augen. Für diesen galt nichts mehr, alles wird zur Wüste, der Mensch wird zum Übermenschen, zum Herrenmenschen. Ein solches Menschenbild fördert nicht die Entfaltung und Achtung von Mensch und Natur. Wir brauchen eine Neubesinnung auf Werte und Tugenden, welche

* die Achtung und Ehrfurcht vor dem Menschen fördert,
* die Bereitschaft, ihn zu schützen, seine Persönlichkeit, das soziale Miteinander zu stärken.

So beruhigend auch materielle Werte, Gut, Haben, Geld, Position, scheinen, wichtiger sind geistig-spirituelle, soziale Werte. Von großer Bedeutung sind heute die familiäre Integrität, die Intaktheit der Paarbeziehungen, mit Fremden umgehen zu können und Harmonie im sozialen Umfeld und in der Gesellschaft. Sichtbar wird auch bei immer mehr Menschen heute der Wunsch nach Beständigkeit, nach Zuverlässigkeit. Viele Menschen suchen offenbar etwas, worauf sie sich verlassen können. Hemmungsloser Egoismus, Vorteilnahme und Ausbeuterei zerstören das Miteinander und damit den inneren und äußeren Frieden. Wir brauchen wieder Menschen mit einem starken inneren Selbst, eine sittliche Persönlichkeit. Eine solche Persönlichkeit folgt der Einsicht des Aristoteles:

> **„Der Ochse ist glücklich, wenn er Erbsen frisst, der Mensch nur dann, wenn er seiner Natur entspricht. Machen wir ihr Ehre!"**

Dazu gehören Grundhaltungen, Tugendkräfte und Werte sowie eine Pflege der Lebensordnungskräfte.

10. Halt durch spirituell-religiöse Orientierung

Die moderne Zuvielisation mit ihrer pluralistischen Werte- und Zeitgeistmentalität, ihrer Eigenbestimmung schließt meist eine religiöse Grunderfahrung aus. Doch das fehlende Fundament des Lebens, der zunehmende Verlust natürlich gewachsener Ordnungen und Glaubenssätze erzeugen verstärkt einen Orientierungsverlust.

Die rastlose Suche nach Erlebnissen und Stimulation, nach Konsumerfüllung reichen vielen Menschen nicht mehr als Fundament aus. Sie betrachten diesen Lebensstil als „Opium fürs Volk". „Eine auf das Leben bezogene Religion wird gerade immer unverzichtbarer. Denn niemand sonst fühlt sich für die großen Lebensfragen noch zuständig" (Joachim Kunstmann, Rückkehr der Religion, Gütersloh 2010, S. 74).

Eine religiöse, spirituelle Orientierung für mehr Lebensfreude, Lebensfähigkeit, für mehr Geborgenheit, Zuversicht und inneren Frieden wird angesichts der inneren Leere, der Energielosigkeit und des inneren Zwiespalts des modernen Menschen zu einem persönlichen Stabilitätsfaktor für Wohlfühlen, Gesundheit und geistig-seelische Erfüllung.

Diese neue religiöse Fundierung kann eine Gegenkraft zu den Risiken und Unsicherheiten des modernen Lebens darstellen.

10.1 Spiritualität als Sehnsucht unserer Zeit

Immer mehr Menschen suchen eine religiös-spirituelle Orientierung.

„Diese Sehnsucht hat ihren Grund in dem Umstand, dass das Leben zunehmend als sinnlos, flach oder hohl wahrgenommen wird."(G. Hartlieb, u.a., Spirituell leben, Freiburg 2002, S. 5).

Viele Menschen führen – wie der Theologe und Religionsphilosoph Paul Tillich sagte,

> **„ein Leben, das vergeht, indem es jeden einzelnen Augenblick mit etwas ausfüllt, das getan, gesagt, geschehen oder geplant werden muss. Aber der Mensch kann nicht erfahren, was Tiefe ist, ohne stille zu stehen und sich auf sich selbst zu besinnen."**
> **zit. nach Hartlieb**

Deshalb brauchen wir Besinnung, Spiritualität, Religion.

Spiritualität meint:

Sich nicht mit dem Materiellen, mit der Oberflächlichkeit des Zeitgeistes zufrieden zu geben, sondern nach etwas zu suchen, was tiefer und über das Machbare hinausgeht. Anselm Grün sagt es in seinem Buch „Spiritualität", Freiburg 2011, so:

> **„Spiritualität ist das Gegenteil von Fremdbestimmung. Sie ist die Kunst, die eigene Lebensspur zu finden und zu gehen."**

Das informierte, anspruchsvolle, materiell orientierte Leben stößt an seine Grenzen. Die Vielzahl der Wahlmöglichkeiten und die maximalen Selbstbestimmungschancen machen nicht sicher, geborgen und zuversichtlich. Unzufriedenheit, Lustlosigkeit und Depression nehmen zu. Das moderne Leben ist rational, ichbezogen und macht öfters krank.

Immer mehr Menschen suchen in einer solchen schwierigen Lebenssituation nach Spiritualität, Seelen- und Glaubenskraft.

Eine Studie der Düsseldorfer Identity Foundation zum Thema „Spiritualität in Deutschland" zeigt, dass es in Deutschland ein starkes spirituelles Bedürfnis gibt, (60 Prozent der Bevölkerung). Motive sind:

- Menschen gehen auf die Reise zu sich selbst in Meditation und Kontemplation. Die Betriebsamkeit des Alltags, das Dröhnen der weltlichen Frequenzen verlangen nach Ausgleich.

- Menschen möchten wieder mehr Sinn im Leben finden.

- Menschen suchen Heilung. Es herrscht die Meinung, dass die Errungenschaften der High-Tech-Medizin nicht alles sind. Was den Menschen krank macht, ist letztlich das Abgeschnittensein von den Quellen des Seins, von der Seele.

- Menschen suchen Orientierung und Festigkeit,
  - statt materiellem Streben, Konsum und Arbeit mehr Seelen- und Geisteskraft,
  - statt unbekümmertem Alltagspragmatismus mehr Sinn und Werte im Leben.

Die Suche nach einem spirituellen Leben ist heute jedoch schwierig geworden. Die religiöse Landschaft ist heute nicht mehr so einleuchtend, vernehmbar oder ganz im Umbruch. Was ist der wahre Weg zu einem spirituellen Leben?

Für Pierre Stutz ist Religion zuallererst Lebenshilfe. Spiritualität sollte zu mehr Lebendigkeit, zu mehr innerem Halt im konkreten Alltag führen. Da religiöser Glaube Berge versetzt, kann er auch die Basis für Halt und Kraft im Leben sein. Wissenschaftliche Studien belegen den stärkenden, ja heilenden Einfluss von Spiritualität auf die Lebensgestaltung, die Gesundheit (Vgl. Arndt Bussing, Niko Kohls (Hg.), Spiritualität transdisziplinär, Heildelberg 2011).

Deshalb brauchen wir für unser modernes Leben Spiritualität und Religion.

10.2 Spiritualität und Religion als Lebenskraft

Die religiös-spirituelle Energie ist eine Gegenkraft zu den Risiken, Belastungen und Unsicherheiten des modernen Lebens.

„Die Bildung der Persönlichkeit und der kluge Umgang mit dem Leben und den eigenen Ressourcen, also die Lebenskunst, haben einen jahrhundertealten Erfahrungsschatz und ihre beste Adresse in der Religion." (J. Kunstmann, Rückkehr der Religion, Gütersloh 2010, S. 76)

> „Immer, wenn du meinst, es geht nicht mehr, kommt von irgendwo ein Lichtlein her, dass du es noch einmal wieder zwingst und von Sonnenschein und Freude singst, leichter trägst des Alltags harte Last und wieder KRAFT und MUT und GLAUBEN hast."

Religion kann auch heute der Lebensqualität, der Lebens-Bewährung, der Selbstentwicklung eines Einzelnen und der Mitmenschlichkeit dienen.

„Liebe Deinen Nächsten wie Dich selbst."

Von entscheidender Bedeutung für das Leben ist die eigene Lebenseinstellung, ein persönliches Wertesystem, wie Glaube, Hoffnung und Liebe, eine innere Haltung sowie die entsprechende Sicht auf die Welt. Genau das ist aber das Thema der Religion.

Re-Spiritualisierung als Trend

Immer mehr Menschen erkennen die Vernachlässigung ihres inneren Potenzials. Der Pädagoge Eduard Spranger sagte:

„Wenn die innere Welt ganz unerforscht, ganz unkultiviert geblieben ist, verwildert sie naturgemäß."

Diese innere Welt steht heute in Gefahr zu verwildern. Die meisten Zeitgenossen sind auf der Flucht vor sich selbst Viele sind innerlich leer und ausgebrannt. So entwickelt sich ein Re-Spiritualitäts-Trend.

Für den modernen Menschen ist es wichtig,
- die Ich-Grenzen ins Überpersönliche zur Spiritualität auszuweiten,
- sich besser vom Alltag zu distanzieren, um mit Sorgen, Krisen, Krankheiten besser umzugehen,
- die Widerstandskraft der Seele zu stärken: Zuversicht, Geborgenheit, aber auch Besinnung, Gebet, Glaube und Religiosität zu pflegen.

Durch Spiritualität erhalten wir Trost und Kraft.

> „Das Verlassen der Religion und der Rückzug
> des Christentums bedeuten eine dramatische
> Verarmung des Lebens, die durch nichts anderes
> mehr ausgeglichen wird. Wir brauchen Religion
> nicht unbedingt, es lässt sich auch ohne sie leben,
> aber ein Leben ohne Religion ist ein ärmeres,
> unbewussteres, ein leeres Leben."
> Joachim Kunstmann, Rückkehr der Religion,
> Gütersloh 2010, S. 23

Sebastian Kneipp sagte einmal:

> „Von Zeit zu Zeit muss der Mensch fühlen, dass er
> von einem unendlich höchsten Wesen abhängig ist."

Einer der Wüstenväter erkannte bereits im 4. Jahrhundert:

> „Willst du Gott begegnen, lerne vorher dich selbst
> kennen."

Ohne sich selbst kennen zu lernen, gibt es also nach christlicher
Weisheit auch keine Begegnung mit Gott.

> „Reif werden im spirituellen Sinn heißt, dass ich das
> einmalige Bild verwirkliche, das Gott sich von mir
> gemacht hat."
> Anselm Grün, in Spiritualität, S. 9

10.3 Meditation als Energie für Körper, Geist, Seele

Jahrtausendelang galt Meditation als religiös-spirituelle Praxis des Fernen Ostens oder als Weg von Christen, um Gott nahezukommen, war aber letztlich doch fernab von der Tagesrealität.

Heute haben verschiedene wissenschaftliche Studien gezeigt:
- Meditation ist ein höchst effektives Gehirntraining. Sie beruhigt den Geist, bringt Ordnung in meine Denk- und Vorstellungswelt, vergrößert die Mindfitness bzw. das Gehirnvolumen.
- Sie fördert Bewusstseinszustände wie Stille, Einssein, Leere, im Hier und Jetzt sein, bringt eine tiefe Entspannung und seelisches Gleichgewicht, fördert Achtsamkeit, emotionale Ausgeglichenheit und Glück.
- Die Wissenschaft erkannte in den letzten Jahren, dass Meditation vermutlich das beste Mittel gegen Demenz und Alzheimer ist. Meditation verlangsamt die altersbedingte Abnahme bestimmter Gehirnbereiche.
- Meditation ist daher eine der kraftvollsten Selbstbestimmungsmethoden.

Durch Meditation findet unsere Seele Ruhe und Kraft. So entsteht ein seelisches Gleichgewicht.

Seit einigen Jahren erforschen Neurologen und Psychologen die Auswirkungen auf den Körper. Sie bestätigen die Erfahrungen vieler Praktiker. Durch die Meditation erhöht sich die Lebenszufriedenheit. Für immer mehr Menschen wurde Meditation zum Bestandteil des Alltags.

Geborgenheit und Glücklichsein stellen sich oft ein. Die Wissenschaft hat nachgewiesen, dass die Stimmung von Menschen gedrückt ist, wenn deren Gedanken im Kopf umherirren, d.h. nicht fokussiert sind. Meditation kann helfen, Gedanken zu ordnen oder sie vorbeiziehen zu lassen, sich zu konzentrieren.

Zudem wird bei einer inneren Versenkung das als Glückshormon bezeichnete Dopamin ausgeschüttet. Das führt zu einer beruhigenden Wirkung im Körper. Die regelmäßige Meditation kann unser Gehirn auch im Alltag flexibler und effizienter machen. Menschen mit Meditationserfahrung machen in Studien dabei weniger Fehler als nicht meditierende und waren auch deutlich konzentrierter und schneller.

Wir lernen durch Meditation, in uns, hineinzuhorchen, unser Selbst zu stärken und inneren Druck und angesammelten Stress abzubauen.

10.4 Christliche Spiritualität und Lebenskunst

Das moderne aufregende und auf kurzfristige Bedürfnis- und Erlebnisbefriedigung angelegte Leben lässt langsam eine Sehnsucht nach dem Wesentlichen, nach Bedeutsamem, nach Sinnvollem, nach weniger Fülle und Stress und nach spiritueller, religiöser Lebensdeutung aufkommen.

Spiritualität meint die ganze geistig-seelische Praxis des Einbaus von Haltungen, z.B. in Form von Entspannung, von Meditation, von Mentaltraining. Christliche Formen der Spiritualität sind ferner noch Betrachtung von biblischen Texten, des Klosterlebens, Exerzitien, Pilgerschaft und Fasten. Gerade im Fasten als einer Form des freiwilligen Verzichts, des Abstandnehmens, der Einschränkung des Lebens, der Zivilisationshygiene lässt sich beispielhaft gelebte Spiritualität als Rückzug vom Druck des Alltags erklären. Eine solche kluge Zivilisationshygiene lässt Geist, Seele und damit spirituelle Tugenden sich entfalten: Glaube, Glück, Hoffnung u.a.

Inneren Frieden fördern

Schon in der Bibel heißt es

> **„Durch Fasten erhebt sich der Geist"**
> **oder**
> **„Lasst nicht nach in eurem Eifer, lasst euch vom Geist entflammen und dient dem Herrn."**
> **Römer 12,11**

Kernpunkt der Spiritualität als Rückzug auf unsere geistig-seelischen Ressourcen ist der innere Friede. Innerer Friede gehört zum Wichtigsten für Leben und Gesundheit. Dafür können wir bei uns selbst sorgen. Eine solche Sinnlichkeit des inneren Friedens wirkt heilend.

David Servan-Schreiber (Anti-Krebs-Buch, München 2008, S. 217) berichtet von der Wirkung des inneren Friedens. Er selbst war als junger Arzt an einem Gehirntumor erkrankt und hat später Heilung gefunden. Servan-Schreiber zitiert einen Krebsarzt:

„Als wäre dieser Patient in jedem Augenblick seines Lebens von dem Frieden durchdrungen gewesen, den er in den intensiven Meditationsphasen gefunden hatte".

Dieser Patient hat seinen Krebs auf außergewöhnliche Weise besiegt: Innerer Friede, Meditation, gesunde Ernährung und Naturheilkunde waren die entscheidenden Gesundheitsfaktoren.

Für David Servan-Schreiber sind es vor allem diese spirituellen, geistig-seelischen Kräfte, die bei Krebs wirken. Er berichtet von Laborexperimenten und kommt zu dem Schluss: „Die Lehre aus diesem Versuch ist von entscheidender Wichtigkeit: Nicht der Stress an sich – in den das Leben uns unweigerlich versetzt – begünstigt den Vormarsch des Krebses, sondern die Art, wie wir darauf reagieren: ob wir Ohnmacht empfinden oder das Gefühl haben, die Situation zu kontrollieren" (S. 216). Servan-Schreiber schließt: „Wenn die Erfahrung von Ohnmacht und Verzweiflung das Krebswachstum fördert, können wir dann umgekehrt folgern, dass innere Ausgeglichenheit das Wachstum hemmt? Einige außergewöhnliche Fälle legen das nahe."

Daraus folgt:
*   Die Entwicklung eines starken, selbstbewussten inneren Selbst mit großem geistig-seelischen Potenzial stärkt innere Widerstands-, Wachstums- und Wohlbefindlichkeitskräfte.
*   Es ist ein starker Gegenpol gegen die Herausforderungen und Belastungen der Zuvielisation und bringt so Krankheiten hervor.

Christliche Lebenskunst kann dabei helfen, denn zu ihr gehören neben der Aufgeschlossenheit für das Leben auch die Vermeidung von Ohnmachtsgefühlen, die Stärkung des inneren Friedens und der spirituellen Tugenden wie Glaube, Hoffnung, Liebe, Lebensfreude.

> „Sobald im Inneren Frieden geschaffen ist, hat der Mensch genügend Kraft und Macht gewonnen, um den Stürmen des Lebens standzuhalten, innen und außen".
> **Hazrat Innayal Khan**

Der Neurowissenschaftler Dawson Church (Die neue Medizin des Bewusstseins, Kirchzarten 2008, S. 19) schreibt: „Die Elemente unseres Bewusstseins – wie etwa Überzeugungen, Gebete, Gedanken, Absichten und unser Glaube – korrelieren viel stärker mit unserer Gesundheit, unserer Lebenserwartung und unserem Glücksempfinden als unsere Gene. Larry Dossey bemerkt dazu, verschiedene Studien belegten, dass die Gedanken über den eigenen Gesundheitszustand zu den zuverlässigsten Grundlagen für Vorhersagen über die Lebenserwartung gehörten, die man je gefunden habe.

Untersuchungen zeigen, dass engagiert gelebte Spiritualität und ein ebensolcher Glaube unserem Leben viele Jahre hinzufügen können, unabhängig von unserem Genmix."

Der berühmte Tiefenpsychologe C.G. Jung hat seine lebenslange Tätigkeit als Therapeut so zusammengefasst:

„Unter allen meinen Patienten jenseits der Lebensmitte ist nicht ein einziger, dessen endgültiges Problem nicht das der religiösen Einstellung wäre. Jeder krankt in letzter Linie daran, dass er das verloren hat, was lebendige Religionen ihren Gläubigen zu allen Zeiten gegeben haben. Und keiner ist wirklich geheilt, der seine religiöse Einstellung nicht wieder erreicht – was mit Konfessionen oder Zugehörigkeit zu einer Kirche natürlich nichts zu tun hat."

Christliche Spiritualität und Lebenskunst könnten daher helfen, erfüllter und gesünder zu leben.

10.5 Religion und Glaube als Heilkräfte

Religion und Glaube sind ein wichtiger Lebens-, Heil- bzw. Gesundheitsfaktor. Bereits 1994 wies der amerikanische Wissenschaftler Jeffrey S. Levin nach:

> **„Schon der bloße Glaube, dass die Religion oder Gott heilkräftig seien, bringt vermutlich positive gesundheitliche Effekte hervor."**

Das deckt sich mit den Aussagen bzw. Versprechungen der Bibel, in der den Gläubigen Gesundheit und Heilung versprochen wird.

Beispiele sind die zahlreichen Heilungen, von der die Bibel spricht. In Markus 5,25-34 und in Lukas 8,43-48 wird von einer Frau berichtet, die 12 Jahre schwer krank war und von Jesus geheilt wurde, indem er sagte: „Meine Tochter, dein Glaube hat dir geholfen. Gehe hin in Frieden."

Ähnlich in Lukas 17,12-19, wo von der Heilung eines Aussätzigen berichtet wird, zu dem Jesus sagte: „Steh auf, gehe hin; dein Glaube hat dir geholfen."

Was die Evangelisten uns sagen wollen, ist:

> **„Der Glaube heilt und macht den Körper gesund."**

Weitere Studien zeigen:
- Patienten, die nicht glauben, dass Gott sie liebt, verlieren schnell ihre Immun- und Gesundheitskraft.
- Wenn sie glauben, dass Gott sie liebt, bietet das enormen

Schutz, einen noch stärkeren Schutz als ein starker Optimismus.

• Der Glaube an einen wohlwollenden Gott stärkt Gesundheit und Gesundwerden.

Die Wirkung von Gebeten

„Gebete sind eine der wirkungsvollsten Arten, die eigene Absicht zu bündeln und zu konzentrieren (D. Church, Die neue Medizin des Bewusstseins, Kirchzarten 2008, S. 53). Er schreibt:

> „Gebete wurden schon in über 100 Studien untersucht. Das Ergebnis: Es helfen Gebete nicht nur den Menschen, für die gebetet wird, sondern auch den Betenden selbst". Studien zeigen, dass regelmäßige altruistische Handlungen unser Leben verlängern und uns glücklicher machen. Ein Gebet ist eine gute Medizin für die Betenden wie für die Empfänger der Gebete."

Gebete verstärken die Zuversicht, die Lebenskraft, die Hoffnung.

> „Bei Gott allein kommt meine Seele zur Ruhe, denn von ihm kommt meine Hoffnung".
> **Psalm 62,6**

Ein kleines Gebet hilft bei negativen Emotionen

Eine Studie der amerikanischen Ohio State University kam zu dem Ergebnis:

> „Beten scheint tatsächlich gegen Ärger und Wut zu wirken."

Die Teilnehmer der Studie wurden aufgefordert, trotz eigener Belastungen für andere zu beten, nicht bloß an diese zu denken. Die Worte von Jesus – „Betet für die, die euch verfolgen" – könnten deshalb ein guter Rat sein. „Es mag den Feinden vielleicht nichts nützen, aber es kann helfen, mit negativen Emotionen klarzukommen", so die Studie (Stern, Gesund leben 1/12, S. 7).

10.6 Das tägliche Spirit-Programm

Unsere vernachlässigte innere Welt braucht Pflege, da sie in der heutigen Zivilisation stark unterentwickelt ist.

> „Wenn die innere Welt ganz unerfrischt,
> ganz unkultiviert geblieben ist, verwildert sie
> naturgemäß."
> **Pädagoge Eduard Spranger**

Diese innere Welt steht heute in Gefahr zu verwildern. Die meisten Zeitgenossen sind auf der Flucht vor sich selbst.

Noch nie gab es so ein reiches Angebot an Fluchtmöglichkeiten wie heute. Die vielfältigen Zerstreuungen versuchen, den Menschen von seiner Mitte, seiner geistigen Ordnung abzudrängen.

Sicher können wir nicht leben ohne Begegnung mit der Außen-
welt und ohne handfeste Aufgaben im Leben. Doch wir bleiben
nur Mensch,

- wenn wir die Balance zwischen Innen und Außen halten,
- wir wieder in die Ruhe und Innerlichkeit zurückkehren und
  uns selber begegnen.

Die äußere Aktivität und Unruhe sitzt bei vielen nicht nur in den
„Nerven". Sie hat Ihre Quelle auch im verkehrten Denken.

10.7 Das christliche Kraftdreieck

Eine Quelle der Energie, der Seele und Gesundheit sind „Glaube, Hoffnung, Liebe", so beschreibt Paulus (1.Kor.13,13) das
Christliche. Es stellt ein Kraftdreieck für das Menschsein, für
die persönliche Stabilität und die Lebensweise dar. Spiritualität
und religiöser Glaube haben für die Lebenskunst eine zentrale
Rolle.

In den Kernlehren aller großen Religionen werden wir zu Recht
auf die Heilkraft von Glaube, Hoffnung und Liebe hingewie-
sen. Sie sind nicht nur eine religiöse Maxime, sondern auch eine
wichtige Lebensregel für den Alltag, für Wohlbefinden und Gesundheit.

Glaube bedeutet: gelassen sich hingeben, vertrauen, Ja zu sich,
zum Mitmenschen, zum Leben und zu Gott sagen.

Hoffnung bedeutet: sich, sein Leben von der hoffnungsvollen
Seite zu sehen, Zuversicht und Gewissheit haben, dass etwas
Sinn hat.

Liebe bedeutet: Das Gefühl des Hingezogenseins, der Zuneigung. Ein positives Verhältnis zu sich, zu anderen, zu Gott, zu Dingen, Mitgefühl.

Wir sollten die Energien, die uns Glaube, Hoffnung, Liebe geben können, viel mehr für das Leben nutzen. Schon Paulus preist im Korintherbrief das berühmte „Hohe Lied der Liebe". So lässt sich die emotionale Fähigkeit unseres Herzens trainieren und dem Leben mehr Kraft, Haltung, Erfüllung geben.

> **„Die Liebe ist langmütig und freundlich,**
> **die Liebe beneidet nicht, sie prahlt nicht,**
> **sie bläht sich nicht auf.**
> **Sie verletzt nicht,**
> **sie sucht nicht ihren eigenen Vorteil,**
> **sie lässt sich nicht erbittern,**
> **sie rechnet das Böse nicht an.**
> **Sie freut sich nicht über die Ungerechtigkeit,**
> **sie freut sich aber über die Wahrheit.**
> **Sie erträgt alles, sie glaubt alles, sie hofft alles,**
> **sie duldet alles."**
> **1. Korintherbrief 13,1-6**

Die zentrale Quelle, aus der wir Kraft schöpfen können, ist allerdings Gott.

Aus vielerlei Quellen schöpfen wir Kraft. Ein naher Mensch oder eine intakte Familie, ein gesunder Lebensstil oder eine erfüllende Aufgabe können starke Energiespender sein, oft für lange Zeit. Viele Sinnentwürfe treiben uns an, geben Halt und Motivation. Und doch: Alle Sinnentwürfe zerbrechen an der Endlichkeit. Gesundheit vergeht, Aufgaben sind irgendwann erledigt. Beziehungen zerbrechen, nahe Menschen verlieren wir, alles unterliegt der Endlichkeit. Und es drängt sich die Frage auf nach dem, was bleibt, nach einem Halt, der tiefer wurzelt als die Hinfälligkeit, nach einer Hoffnung, die auch an der Vergänglichkeit nicht zerbricht.

Jesus zeigt uns entscheidende Lebensquellen auf, die für uns Kraftquellen sein können. So heißt es bei Jesaja 40, 29-31:

> **„Er gibt dem Müden Kraft,**
> **dem Kraftlosen verleiht er große Stärke.**
> **Die Jungen werden müde und matt,**
> **junge Männer stolpern und stürzen.**
> **Die aber dem Herrn vertrauen,**
> **schöpfen neue Kraft,**
> **sie bekommen Flügel wie Adler."**

Als Menschen einer pluralen Gesellschaft und des modernen Denkens sprechen wir nicht mehr so selbstverständlich von dieser Kraftquelle, der Bibel. Im Weltbild der Neuzeit, fast täglich durch neue wissenschaftliche Überlegungen verändert, unterliegt der Gottesgedanke einer Verunsicherung und ständigen Anfechtung. Wir leben in einer rationalen, gottlosen Zeit. Unser Verstand steht uns oft im Wege. Er verdrängt unseren Glauben. Glaube bedeutet aber: das für wahr halten, was der Verstand nicht beweisen kann. Glaube ist eine Kraft des Unbewussten, der Intuition.

Doch all das ändert nichts an der Sehnsucht nach der tiefen Quelle und nach Sinn. Glaubensantworten können nicht verordnet werden, sie richten sich nicht nach Gesetzen der Logik. Das Leben und die Schöpfung, der Mensch und die Zukunft zeigen sich immer neu als Geheimnis, weisen über das hinaus, was im Augenblick zu erfassen und zu begreifen ist. Diesen Blick über das Vordergründige hinaus gilt es zu pflegen. Die Bibel bietet eine tragende Antwort an:

> „Der Herr ist mein Licht und mein Heil:
> Vor wem sollte ich mich fürchten?
> Der Herr ist die Kraft meines Lebens:
> Vor wem sollte mir bangen?"
> **Psalm 27,1**

Der biblische Glaube lebt aus dem Vertrauen, dass hinter aller Lebensdramatik eine liebende Antwort steht, dass wir geschaffen sind, um glücklich – oder biblisch ausgedrückt – heil zu werden. Die Menschen der Bibel vertrauen darauf, dass dieser lebensfreundliche Gott auch dann da ist, wenn die Lebenswege scheinbar ausweglos und verlassen sind. Auch hier gilt aber: Dein Glaube hat dir geholfen.

Meine Erfolgsformel
für Seelenheil, Gesundheit, Lebensqualität und Glück

> „Das Leben ist eine Chance, nutze sie.
> Das Leben ist schön, bewundere es.
> Das Leben ist ein Traum, verwirkliche ihn.
> Das Leben ist eine Herausforderung, nimm sie an.
> Das Leben ist kostbar, gehe sorgsam damit um.
> Das Leben ist ein Reichtum, bewahre ihn.
> Das Leben ist ein Rätsel, löse es.
> Das Leben ist ein Lied, singe es.
> Das Leben ist ein Abenteuer, wage es.
> Das Leben ist Liebe, genieße sie."
> **Mutter Theresa**

Medizin für die Seele
Lebens- und Seelenkräfte im Alltag mobilisieren
Prof. Franz Decker

Paperback, 224 Seiten, 32 Grafiken, ISBN 978-3-86616-115-3

Für viele Menschen ist es heute sehr schwierig, den Herausforderungen des Alltags in unserer komplexen, schnelllebigen Welt gerecht zu werden, das eigene Leben selbstverantwortlich zu gestalten und sinnvoll und erfüllt zu leben. Prof. Franz Decker zeigt in seinem Buch diese Probleme auf, aber auch Möglichkeiten, die „Überlebenskräfte", die unerschöpflichen Kraftquellen der Seele und des Geistes, zu wecken und zu entwickeln, um in seelischem Gleichgewicht, mit Freude, Gelassenheit, Mut und Zuversicht das Leben zu bestehen. Das Buch erwuchs aus eigener Erfahrung und basiert auf den neuesten Erkenntnissen, dass durch eine entsprechende Neuorientierung und Seelenprogrammierung ein erfülltes und ausgeglichenes Leben möglich ist. Beispiele veranschaulichen und überzeugen. Es bietet sehr einprägsam ein Programm zur Förderung der Lebens- und Seelenkräfte im Alltag sowie Übungen zur Entspannung, Besinnung, Meditation, mentalen Lebensänderung und emotionalen Stabilisierung.

Die Kunst gesund zu leben
Mein Programm für Ernährung, Bewegung und Balance
Prof. Franz Decker

Paperback, 256 Seiten, 42 Grafiken, ISBN 978-3-86616-157-3

Ein 12-Schritte-Lebensprogramm für mehr Lebensqualität und Gesundheit. Es ist heute nicht leicht, gesund zu leben. Viele Menschen sind müde, energielos, ausgebrannt, schlecht gelaunt, zu dick und kränkeln. Moderne „Krankheiten befallen uns nicht aus heiterem Himmel, sondern entwickeln sich aus täglichen kleinen Sünden wider die Natur" (Hippokrates). Wir brauchen deshalb die Kunst, gesund zu leben. Gesundheit und Vitalität bis ins hohe Alter sind heute mehr als je zuvor von der Entscheidung für eine gesunde Lebensweise, eine bewusste Denk- und Lebensmentalität abhängig. So kann man modernen Lebenskrankheiten vorbeugen und ein erfülltes Leben führen. Das Buch zeigt den Weg zu einer solchen neuen Lebenskunst mit Lebensqualität und Lebens-Balance. Es enthält zahlreiche Tipps, Übungen, Mentaltrainings-Situationen und Erfahrungen, welche die Wirksamkeit des 12-Schritte-Lebensprogramms verstärken.

Resilienz –
Fähigkeit der inneren Stärke
Gerda M. Kolf

Via Nova KOMPAKT, 112 Seiten, ISBN 978-3-86616-305-8

Es ist eine hohe Lebenskunst, wenn man positive Wege findet, belastende Stress-Situationen oder gar Krisen im Berufs- oder Privatleben sinnvoll und kreativ zu meistern insbesondere wenn dahinter menschliche Konflikte stecken. Dieses Buch zeigt, wie man einen neuen Zugang zu seinen inneren Ressourcen und Potentialen findet, um mehr innere Stabilität und Sicherheit zu erlangen. Auch ein ganz neuer Forschungszweig, die „Kraft der Vergebung", wird vorgestellt und erweist sich als tiefgreifend heilsamer Prozess auf dem Weg zum inneren Frieden. In diesem Buch erhalten Sie beeindruckende Beispiele und hilfreiche Anregungen, um die „Kunst der Gelassenheit" zu erlernen.

2. Teil der Fortsetzung des Bestsellers „Wenn es verletzt, ist es keine Liebe":

Die Sprache des Herzens
Durch Heilung der Emotionen
ein Leben in Liebe führen
Chuck Spezzano

Hardcover, 224 Seiten, ISBN 978-3-86616-294-5

Mit seinem neuen Meisterwerk „Die Sprache des Herzens" präsentiert Chuck Spezzano den zweiten Teil der Fortsetzung seines Weltbestsellers „Wenn es verletzt, ist es keine Liebe". Schonungslos ehrlich beschreibt er die Welt der Emotionen und zeigt uns Wege der Heilung, die zu einem befreiten Leben voller Liebe führen können. In den 100 Lektionen setzt er auf seine unnachahmliche Art fort, was er schon in dem ersten Band „Emotionale Reife" begonnen hat: uns unnachgiebig, voller Empathie und Weisheit zu ermutigen und zu inspirieren, den Alltagssituationen mit größtmöglicher Wachheit und Wahrhaftigkeit zu begegnen. Wieder ein wunderbarer Wegweiser des Herzens, der uns zeigt, wie wir den Pfad der emotionalen Reife zu Ende gehen können. Denn die Sprache des Herzens bedarf keiner Worte mehr.

Kann denn Liebe Lüge sein?
Ein radikal neues Verständnis von Liebe und Beziehungen
Joseph Fries / Wolfgang Weigand

Hardcover, 192 Seiten, ISBN 978-3-86616-296-9

Wer träumt nicht von der großen Liebe und einer glücklichen Partnerschaft? Kaum ein Thema bewegt die Sehnsüchte der Menschen mehr! Dass heute zugleich so viele Beziehungen scheitern, ist ein Dilemma, dem dieses Buch auf den Grund geht. Es vermittelt ein neues Verständnis von Beziehungen und eine zeitgemäße spirituelle Sicht auf die „Fallstricke der Liebe" im 21. Jahrhundert. Zugleich räumt es auf mit falschen Erwartungen und romantischen Vorstellungen und zeigt einen realen Weg der Heilung durch die Entwicklung der eigenen Liebesfähigkeit. Sehr hilfreich ist das erstmal hier vorgestellte Jofri-Balance-Modell, das die Ursachen vieler Verstrickungen offenlegt. Für alle, die nicht weiter von der großen Liebe träumen wollen, sondern sie in ihrem Leben wirklich erfahren möchten!

Hochsensibel – Was tun?
Der innere Kompass zu Wohlbefinden und Glück
Mit grundlegenden Infos und zahlreichen Übungen
Sylvia Harke

2. Auflage

Paperback, 352 Seiten, ISBN 978-3-86616-281-5

Fühlen Sie sich auch manchmal wie von einem anderen Stern? Einfach nicht gemacht für diese Welt? Dann gehören Sie vielleicht auch zu der Gruppe der hochsensiblen Menschen, und dieses Buch kann für Sie zu eine wahren Offenbarung werden. Autorin und Therapeutin Sylvia Harke – selbst einer so genannte „HSP" (Highly Sensitive Person) – hat dieses Phänomen sehr einfühlsam und tiefgründig erforscht und gibt ganz praktische, konkrete Hilfen für den Alltag. Untermauert mit zahlreichen eindrucksvollen Interviews und Fallbeispielen kann dieses Buch für jeden hochsensiblen Menschen zu einer wertvollen Lebenshilfe werden und gänzlich neue Perspektiven für die eigene Lebensgestaltung eröffnen.

Sein Bewusstsein auf eine höhere Seinsebene bringen
Geführte Meditationen
Werner Vogel

CD, Laufzeit: 70 Minuten, ISBN 978-3-86616-123-8

Die Grundübung aller spirituellen Wege ist die Meditation. Das Ziel der Meditation in allen spirituellen Traditionen ist die Erfahrung eines nicht-dualistischen Bewusstseinszustands. Um in den Zustand des Geistes in der bewussten Erfahrung des „ewigen Hier und Jetzt" zu kommen, bedarf es einer stufenweise aufgebauten Übungspraxis. Geführte Meditationen können helfen, den zerstreuten Geist zu sammeln und auszurichten. Dadurch kommt der Übende zur Ruhe und zur Erfahrung der inneren Stille. Der Geist beruhigt sich und wird klar wie die Oberfläche eines aufgewühlten Sees, auf dessen Grund man sehen kann. Schließlich tritt der Zustand der gesammelten inhaltslosen Wachheit im Geist ein und der Übende wird offen und frei für ein höheres Bewusstsein. In der CD werden 3 Meditationsübungen angeboten, teilweise unterlegt mit meditativer Musik.

Lebenskräfte
Barbara Schenkbier

Hardcover, Geschenkbuch, 64 Seiten, 28 farbige Fotos, ISBN 978-3-86616-285-3

Wenn wir im Gleichklang mit den Kräften des Lebens sind, dann entsteht ein unbeschreiblicher Zauber des Erlebens, wir sind im Fluss, fühlen uns verbunden, voller Frieden, schöpferisch und verwandelt. Wie wir uns mit diesen essentiellen Kräften noch mehr verbinden und sie in unser Leben einladen können, dazu regt uns dieses Buch auf liebevoll berührende Weise an. Die Texte wirken dabei wie Nahrung für die Seele und erinnern uns im Innersten an das wirklich Wesentliche unserer Existenz und die zeitlosen Wahrheiten unseres Seins. Wer dieses Buch zu seinem Begleiter macht, hat stets eine erfrischende Quelle der Kraft und Inspiration an seiner Seite, die sein Leben reicher, bewusster und erfüllender machen kann. Die wunderschönen Fotos aus dem Garten der Autorin von ihrer Enkelin Celina Fine verstärken noch die Wirkung der Worte.